小学校生活スタートダッシュ【学校生活編】

「学校が好きな子」をつくる

保護者の「不安」に完全対応！

小野隆行 編著

GAKUGEI MIRAISHA

まえがき

数年前、アメリカの小学校を訪れて驚いたことがある。

それは、子どもたちが座っている椅子がバラバラだということである。日本のような椅子に座っている子はほとんどいない。形も高さも材質も本当にバラバラなのだ。

さらに、椅子ではなく、大きなバランスボールに座って学習をしている光景も珍しくなかった。子どもたちは、自分たちの学習や生活に使いやすいものを選んで使っていたのだ。

これらは、センサリー（感覚）に対する配慮である。日本には、このような支援がほとんどない。

日本はといえば、全国のどこにいってもあの固い均一の椅子に座っている。

小学校だけでなく、幼稚園や保育所でさえ、同じ状態である。

これは、本当によいことだろうか？

特別支援学級を担任したとき、椅子に座れない子どもがいた。勉強時間だけでなく本を読んだりお絵描きをしたりするときも座れない。

無理に座らせようとすると、姿勢がぐちゃっと崩れて机に突っ伏してしまう。また、別の子は、お尻をしきりに左右に動かしてじっとしていられず、まっすぐ座れない。アメリカで子どもたちが様々な椅子に座っていることを知っていた私は、色々なクッションを用意することにした。

ホームセンターや家具屋などを回り、五、六種類のクッションを用意した。そして、その子たちに座らせてみた。すると、あれほど姿勢が崩れていた子も、座るのを嫌がっていた子も楽に座ったのである。それからは椅子に座って生活や学習ができるようになった。

そのとき、私はあることに気づいた。

子どもたちは、それぞれ違うクッションを選んだ

私は材質も形も違うクッションを準備したが、子どもたちが自由に自分の好みで選んだものは、みんなバラバラだった。

つまり子どもによって、よい物はそれぞれに違うのである。これはセンサリー（感覚）に関することなのだから、当たり前と言えば当たり前だ。もし、クッションがよいからといって私が同じ物を選んでいたら、このような結果にはならなかっただろう。

しかし、現在の学校や園では、この事例と逆のことをして困っている。全員が同じ椅子、同じ方法、同じ時間を過ごす。子どもに選択をさせないというのは、正しいことなのだろうか。

同じようなことは、家庭でも起こっている。

私は、特別支援教育コーディネーターとして、多くの就学前の子どもや保護者と接してきた。

また、保育所や幼稚園の先生方とも学ぶ機会をもってきた。

そこでは多くの質問が寄せられる。例えば、食事のときの姿勢についての質問があった。


五歳の子が、食べる時にどうしても姿勢が悪くなってしまう。すぐに、足が椅子の上に上がってしまう。食べる時に姿勢をよくすることは大切なので、その都度、注意して直した。すると今度は、肘をついて食べようとする。そして、また注意をする。よい姿勢になるまで食べさせないようにした。


これは、日本中のどこにでも見られる指導である。

その結果、この子はどうなったか？

食事をすることへの強い抵抗感をもつようになり、以前のようにたくさん食べられなくなった。

このケースへの対処法は、先ほどと同じである。

姿勢の保持ができない理由は、おそらく体幹が支えられないことにある。そこで、ドーナツ型のクッションを用意して座らせてみた。すると、その子は無理なく座れるようになった。

生活習慣・生活能力に関することは、注意だけではよくならないのである。

さて、アメリカでは、中学生、高校生と年齢が上がっていくにしたがって、椅子は同じような形状の物を使うようになっていく。

これは、次のことを表している。


年齢が低いほど、発達や感覚の差は大きい。そのため、その子に合わせた物や方法を選択できることが重要である。


その子に合った方法を見つければ、どの子も生活能力は上がっていく。

小学校の入学前、入学して最初の一年は特に大切な時期である。

本書では、このことを念頭に置いて、発達の諸段階の違いを意識して執筆を行った。

ぜひ、本書を参考にして子どもの困り感をなくしていっていただけたら、と願っている。

小野隆行

目次

目次

第3章　パパ・ママの不安を一発解消！

我が子の入学準備Q&A

目次

第1章

〝自分でできるもん〟子どもがそう思えばバッチリ！

子どもの「生活習慣」を徹底サポート

1 コミュニケーション
アメリカではこれが常識!「気持ち」と一緒に「表情」も教えよう

(一)「気持ち」と一緒に「表情」を教える

次のようなことはないだろうか。

相手の子どもが嫌な表情をしているのに、それに気がつかずに自分のことばかり話す。逆に嫌だと思っているのに、それを表情で示すことができないために、止めてもらえない。

これは、なぜだろうか。それは、

相手がこの表情をしていれば、こういう気持ちだというように、「気持ち」と「表情」が一致できていないから

である。文科省のＨＰにある「特別支援教育について」の中の「4(8)ＬＤ、ＡＤＨＤの教育」(http://www.mext.go.jp/a_menu/shotou/tokubetu/004/008.htm)には次のように述べられている。

友達との人間関係がうまくつくれないことも見受けられます。ＬＤの場合は他者の表情や会話に含まれる言外の意味やその場の雰囲気などが分からないために、ＡＤＨＤの場合は相手の話をさえぎる、友だちに対してかっとなる、などがその理由です。

そのため、ソーシャルスキルトレーニングと呼ばれる社会生活上の基本的な技能を身につけるための学習やストレスマネジメントと呼ばれるストレスへのよりよい対応の仕方を学ぶ学習を行う場合もあります。

ソーシャルスキルトレーニングと呼ばれる学習は、日本では少しずつ取り入れられるようになってきているが、アメリカでは作業療法士も学校に入り、一般的に行われている。
日本はまだまだそのような状況にはないが感情のコントロールが難しい子どもや、相手の表情を読み取ることが難しい子ども、表情に乏しい子どもなどにとっては、とても有効なトレーニングである。

(二)「気持ち」と「表情」を一致させるトレーニング

次のようなトレーニングを行っていくとよい。

①「表情」の絵カードを使って、その「気持ち」を教える

まずは、「表情」が描いてある絵カードを使って、その「気持ち」を教える。怒っている表情、うれしい・喜んでいる表情、悲しい表情などを教えていく。どのような感情があり、その際にどのような表情なのかを一つずつ教えていくのである。

②「表情」をつくる練習をする

次は逆に「気持ち」を元に、「表情」をつくる練習をする。

このような「気持ち」のときに、どのような表情をつくればよいのかを教えていくのである。

このときには、デジタルカメラなどを活用するとよい。自分の表情を客観的に見ることができる。できた表情を見せ、どのように見えるのかを見て、修正をさせていく。

次のような方法もある。

③「感情」当てクイズを行う

これは、一人ではなく複数で行うトレーニングである。感情を表すカードを作り、それをくじのようにして引く。引いたカードの表情をつくって、他の人に見せる。他の人は、その表情からどのような感情なのかを当てるのである。他人に共感するトレーニングにもなる。

さらに、「どのようなときにどんな表情をすればよいのか」を教えていく。

④「こんな表情になるのはどんなときか」を尋ねる

例えば、怒っている表情を見せて、こんな表情になるのはどんなときなのかをできるだけ具体的に答えさせる。「先生に怒られたとき」「友達に悪口を言われたとき」などのように答えさせるのである。これを行うことで、どの場面ではどのような表情をすればよいのかをトレーニングできる。
また、「大好きなお菓子をもらったとき」「大事にしていたおもちゃがこわれたとき」など、様々な場面を示してそれにふさわしい表情をつくるトレーニングも有効である。

㈢「気持ち」を「表情」で表すのは、コミュニケーションの第一歩

「気持ち」を「表情」で表すことは、コミュニケーションの第一歩である。困っているときに困っていることを伝えることができること、逆に表情から相手の感情を読み取ることができることが、トラブルを回避するためにも、小学校生活では特に重要になる。

【保護者へアドバイスするときのポイント】

自分の子どもが、感情を上手に表すことができないことや、相手の感情をなかなか読めないことで不安を感じている保護者はとても多いです。その場合は、「感情」と「表情」が一致していない可能性があることを伝えるとよいでしょう。

そして、前述したようなソーシャルスキルトレーニングを紹介してみるとよいでしょう。ただ、すぐにできるようにはなりません。「困っています」と描いてあるようなカードを作っておき、学校で困ったときには、教師に渡すなどの方法も合わせて伝えるとよいでしょう。

2 ルール 正しい行動をきちんと教えて、規則・約束を守れる子に!

(一) 問題行動――なぜ、規則や約束を守ることができないのか?

文科省初等中等教育局児童生徒課が行った「平成三〇年度　児童生徒の問題行動・不登校等生徒指導上の諸問題に関する調査」によると、学校管理下での暴力行為の件数は増加している。特に小学校での増加が著しい状況である。

これは何を意味するのだろうか(次ページ図、参照)。

保護者の中にも、ルールを守ることができない、マナーを守ることができないということで不安を感じている人はとても多いだろう。

そして、その原因を自分の躾の問題と感じていたり、善悪の判断がつかないことが原因であると考えていたりすることもあるだろう。

それは、正しいのだろうか。

少し古い報告になるが、二〇〇一年に文科省が出した「少年の問題行動等に関する調査研究協力者会議報告」によると、児童生徒の問題行動の背景や要因の一つとして、社会性や対人関係能力が十分に身についていないことが指摘されている。

つまり、ルールを守れていないのには、ソーシャルスキルの低下が関わっているのである。

〈参考1〉 学校の管理下・管理下以外における暴力行為発生件数の推移

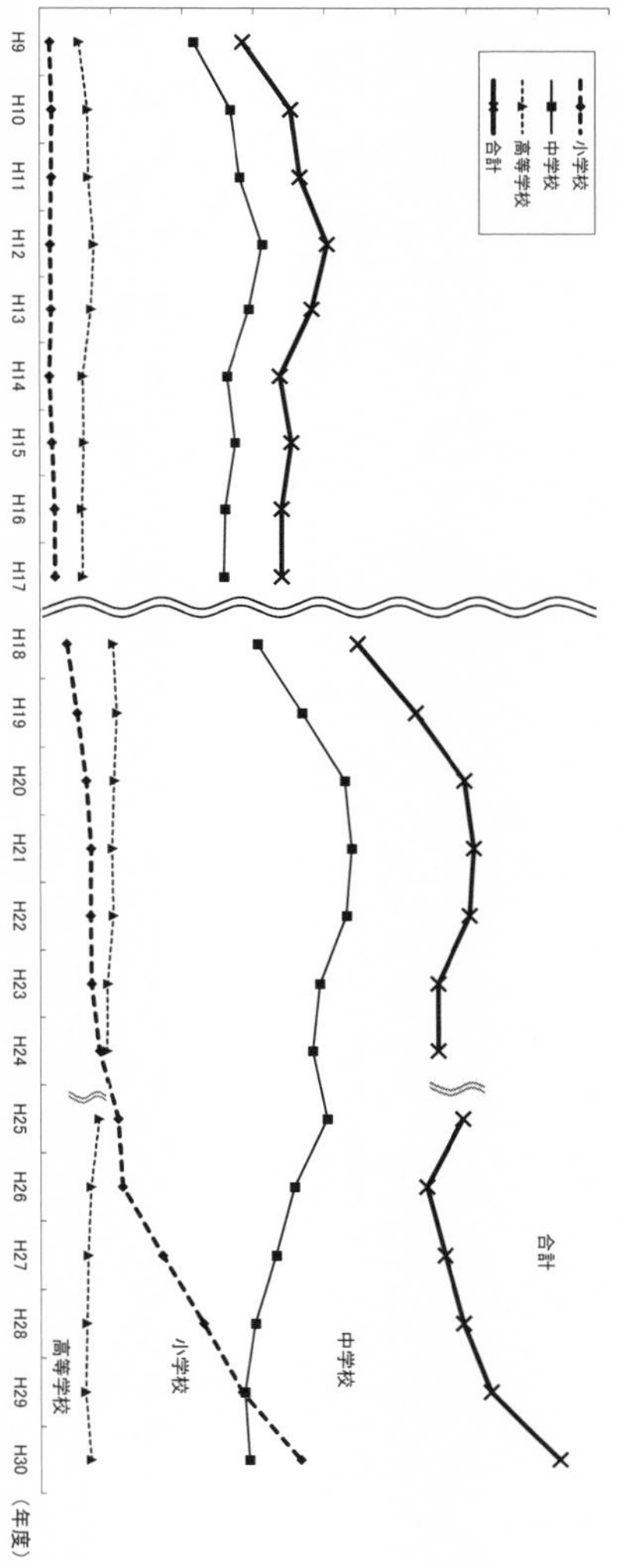

(件)

	9年度	10年度	11年度	12年度	13年度	14年度	15年度	16年度	17年度	18年度	19年度	20年度	21年度	22年度	23年度	24年度	25年度	26年度	27年度	28年度	29年度	30年度
小学校	1,432	1,706	1,668	1,483	1,630	1,393	1,777	2,100	2,176	3,803	5,214	6,484	7,115	7,092	7,175	8,296	10,896	11,472	17,078	22,841	28,315	36,536
中学校	21,585	26,783	28,077	31,285	29,388	26,295	27,414	25,984	25,796	30,564	36,803	42,754	43,715	42,987	39,251	38,218	40,246	35,683	33,073	30,148	28,702	29,320
高等学校	5,509	6,743	6,833	7,606	7,213	6,077	6,201	5,938	6,046	10,254	10,739	10,380	10,085	10,226	9,431	9,322	8,203	7,091	6,655	6,455	6,308	7,084
合計	28,526	35,232	36,578	40,374	38,231	33,765	35,392	34,022	34,018	44,621	52,756	59,618	60,915	60,305	55,857	55,836	59,345	54,246	56,806	59,444	63,325	72,940

(注1)平成9年度からは公立小・中・高等学校を対象として，学校外の暴力行為についても調査。
(注2)平成18年度からは国私立学校も調査。
(注3)平成25年度からは高等学校に通信制課程を含める。
(注4)小学校には義務教育学校前期課程，中学校には義務教育学校後期課程及び中等教育学校前期課程，高等学校には中等教育学校後期課程を含める。

㈡ 問題行動は間違った自己表現

問題行動を起こす子どもの中には、正しい行動を知らない子がいる。

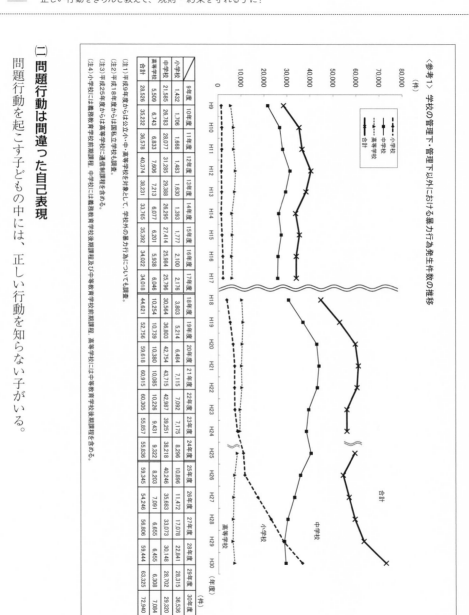

正しい行動を知らないために、間違った行動を取ってしまっている場合が多くあるのである。しかし、問題行動を起こすと、正しい行動を教えられずに、ただ叱責をされて終わってしまうことが多い。叱責されることで余計に反発し、問題行動が悪化する場合もある。

まだまだ問題が小さくて済む低学年のうちに正しい行動を教えることが大切である。

まずは、問題行動を次のようにとらえる必要がある。

問題行動は間違った自己表現である

㈢正しい行動を教える

では、正しい行動をどのように教えればよいのだろうか。渡辺弥生氏（法政大学文学部心理学科教授）によると、ソーシャルスキルトレーニングには、次のようなステップがある。

①インストラクション
②モデリング
③リハーサル
④フィードバック
⑤チャレンジ

①インストラクション

学習するスキルがどんな場面で役に立つのか、もし不足していればどんな問題を引き起こすのかを分かりやすく説明して、学ぶ意欲をもたせる。

例えば、「話の聞き方」を教える際には、聞くことは、しゃべらないということだけでなく、しぐさや表情など、非言語のやりとりも含まれていることを説明する。

②モデリング

お手本を示し、具体的な行動を理解できるようにする。

先述の「話の聞き方」であれば、聞き方の良い例と悪い例を見比べさせ、何がポイントなのかを考えさせる。「相手に体を向けること」「アイコンタクト」「あいづちやうなづき」「最後までしゃべらずに話を聞く」などのポイントに気づかせ、具体的な行動を教えていく。

③リハーサル

ロールプレイ、ディスカッション、ワークシートなどでの体験を通して、スキルの意義や必要性、行動とのつながりを繰り返し学ぶ。

ペアで練習をしたり、お互いにやって見せて、評価し合ったりする。

④フィードバック

具体的にどう改善すればよいのか、どこがよいのかをアドバイスする。

⑤チャレンジ

学んだことを生活に活かせるように支援する。「家でもやってみよう」などのように発展させるとよい。どのような場面で役に立つのかを伝えるのが大切である。

このようなステップを通して、具体的な正しい行動を教えていくのである。

そして、何よりも大切なのは、次のことである。

学んだ正しい行動ができたときに褒めること

褒めることで、正しい行動が強化される。

【保護者へアドバイスするときのポイント】

保護者は、自分の躾の問題と感じている場合が多いです。まずは、躾の問題ではなく、正しい行動を知らないためであることを伝えて、安心していただくとよいでしょう。

その上で、もしルールを守れなかった場合には、感情的に怒るのではなく、①その場面の状況を子どもに聞いて明らかにする、②そのときにどう思って、どう行動したのか、③どこが間違いで、正しくはどう行動すればよいのか、④その場面を練習してみる、⑤次はきっと正しく行動できることを伝える、というようにすればよいことを伝えるとよいでしょう。

ただ、一度教えただけではできるようにならないので、繰り返し教えていくことが大切であることも伝えるようにしましょう。

3 ご褒美
「ご褒美」はやっぱりあった方がいいの？　大切なのはあげるタイミング

㈠何にご褒美を与える方がよいのか～ご褒美に関する研究①

「ご褒美」は、ある方がよいのか。またある方がよいなら、いつあげるのがよいのか。実は、このことについては、既に研究が行われている。

ハーバード大学のローランド・フライヤー教授が、シカゴ、ダラス、ヒューストン、ニューヨーク、ワシントンD.C.の五都市で、「ご褒美」の因果関係を明らかにする実験を行っている。

実験の概要は、次の通りである。

①学力テストや通知表の成績などをよくすることに「ご褒美」を与える
（ニューヨークやシカゴで実施された）
②本を読む、宿題を終える、学校にちゃんと出席する、制服を着るなどのことに「ご褒美」を与える
（ダラス、ワシントンD.C.、ヒューストンで実施された）

結果はどうだっただろうか。学力テストの結果がよくなったのは、

②本を読む、宿題を終える、学校にちゃんと出席する、制服を着るなどのことに「ご褒美」を与える

で、こちらの子どもたちの方が、学力が向上した
特に、「本を読む」ことに「ご褒美」を与えられた子どもの学力の上昇が顕著だった。

なぜ、学力テストや通知表の成績などをよくすることにご褒美を与えるのがうまく行かなかったのだろうか。実験後に行ったアンケート調査では、その理由が明らかになっている。

学力テストや通知表の成績などをよくすることにご褒美を与えられた子どもは、「今後もっとたくさんのご褒美を得るためには何をしたらよいと思うか」という問いに対し、ほとんど全員が「しっかり問題文を読む」「解答を見直す」などのように、テストを受ける際の方法について答えていた。

つまり、どのように勉強をしたらよいかという本質的な学力の改善に結びつく方法までは、まったく考えが及んでいなかったのである。

このことから、大切なのは、次のことであることが分かる。

学習の仕方を具体的に教え、それを実行したときにご褒美を与える

(二) ご褒美はやる気を失わせるのか~ご褒美に関する研究②

まだまだご褒美については考える必要があることがある。

ご褒美を与えることが、好奇心や興味関心などによって生まれる「一生懸命勉強するのが楽しい」という気持ちを失わせてしまうのではないかという問題である。つまり、「ご褒美があるから勉強したい」という子どもに育ててしまうのではないかということである。

これについても、前述の実験では検証を行っている。実験後に行ったアンケート調査の中で検証したと

ころ、ご褒美を与えられた子どもたちとそうでない子どもたちでは、「一生懸命勉強するのが楽しい」という気持ちに、有意な差が見られなかった。

つまり、次のことが言える。

「ご褒美」が子どもたちの「一生懸命勉強するのが楽しい」という気持ちを失わせることはない

(三) ご褒美に何をあげるのがよいのか〜ご褒美に関する研究③

ご褒美に何を上げるのがよいのかについても研究が行われている。

シカゴ大学のスティーヴン・レヴィット教授らが行った別の実験では、ご褒美としてお金の代わりにトロフィー（四〇〇円程度）が用いられた。この実験からは、次のことが分かっている。

小学生に対しては、四〇〇円のお金よりもトロフィーの方が大きな効果があった

ちなみに中高生には、お金の方が効果があったことも分かっている。

このことから、次のことが分かる。

子どもが小さいうちは、お金よりもトロフィーのように子どものやる気を刺激するような、お金以外のご褒美を与える方がよい

ただ、これについては、次のようなことも分かっている。

先ほどのフライヤー教授の実験での事後アンケート調査では、ご褒美にお金を得た子どもたちは、お金を無駄遣いするどころか、きちんと貯蓄をし、より堅実なお金の使い方をしていたことが明らかになっている。この実験では、ご褒美に貯蓄用の銀行口座を作ったり、家計簿をつけたりするなどの金融教育が同時に行われていたことも一因と考えられる。

つまり、ご褒美としてお金を与える場合は、一緒に金融教育を行えば、さらに価値のあるご褒美になるのである。

(四) いつご褒美を与えるのがよいのか

それでは、いつご褒美を与える方がよいのか。「すぐに与える」のがよいのか、それとも「後でまとめて与える」のがよいのか。

これについては既に多くの研究が行われており、結論が出ている。

人間は、遠い将来の大きな利益より、身近な小さな利益を優先させやすい

これまでのことをまとめると、次のことが言える。

- やり方を具体的に教え、それを実行できたときに、すぐにご褒美を与えるのがよい
- ご褒美は、お金だけではなく、やる気を刺激するようなお金以外のものを与えるのも年齢によって

は効果的である
・ご褒美としてお金を与える場合は、使い方についての教育も同時に行うとよい

つまり、「ご褒美」は決して悪いことではない。与えるタイミングと、何を与えるのかが重要である。

【保護者へアドバイスするときのポイント】

ご褒美について質問される場合は、子どもがご褒美をもらえることでしか勉強しなくなるのではないかと心配されていることが考えられます。

相談を受けたときは、この節にあるような研究について簡単に説明し、どのようなご褒美がよいのか、いつあげるのがよいのか、何ができたときに与えるのがよいのかについて、アドバイスするとよいでしょう。

勉強の仕方については、保護者では分からない場合もあると思います。「ノートをきちんと書く」ことや、「その日に学習した問題をもう一度解く」など、具体的な勉強の仕方についてアドバイスすることも大切です。

「向山式学習法」というものもあります。自分でできた問題には「＼」（斜線）、できなかった問題には「✓」（チェック）をします。そして、できなかった問題だけ再度解き直します。二度目でできれば斜線、できなかったらもう一つチェックをします。それを繰り返します。テスト前には、間違えた問題だけを再度解き直す学習法です。

4 社会性

「お母さん手伝おうか?」この姿勢が社会を生きる力に繋がる

(一) お手伝いが生きる力に繋がる

お手伝いをすることは、社会を生きる力に繋がる。

国立青少年教育振興機構が行っている「子供の生活力に関する実態調査」の調査の結果（http://www.niye.go.jp/kanri/upload/editor/96/File/043shou.pdf）によると、次のようなデータが明らかになってきている。

お手伝いをしている子と、していない子では、コミュニケーションスキルが高い群の状況では、二〇ポイント以上異なっている。

さらに、細かいデータも出ている。どのようなお手伝いであっても、コミュニケーションスキルと関連があると考えられる結果が出ている。特に、「靴をそろえたり、磨いたりすること」「食器をそろえたり、片づけたりすること」「家の中のお掃除や整頓を手伝うこと」「お料理の手伝いをすること」「自分のふとんの上げ下ろしやベッドを整頓すること」の五項目は、コミュニケーションスキルと関連が高い項目であることが分かった。

お手伝いが関連しているのは、コミュニケーションスキルだけで

図3.4.126 お手伝いの頻度と
コミュニケーションスキルの関係

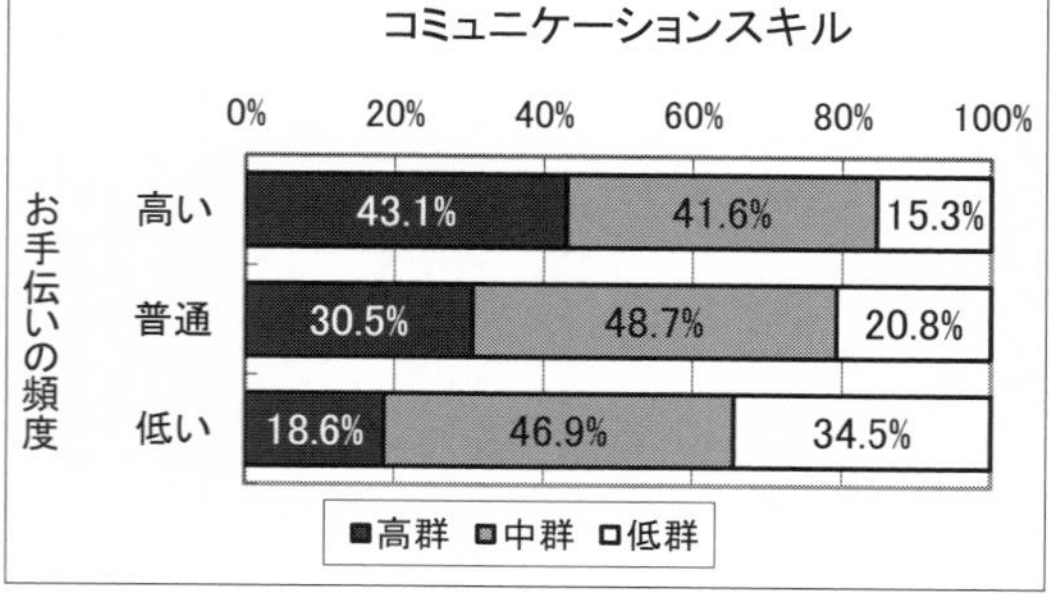

はない。

同調査では、お手伝いと課題解決スキルとの関連も調べている。

ここでも、お手伝いをしている子としていない子では、課題解決スキルの高い群で二〇ポイント以上の差がある。お手伝いと課題解決スキルにも関連があることが考えられる。特に、「靴などをそろえたり、磨いたりすること」「食器をそろえたり、片づけたりすること」「家の中のお掃除や整頓を手伝うこと」「自分のふとんの上げ下ろしや、ベッドを整頓すること」の四項目は、課題解決スキルと関連が高かった。

「コミュニケーションスキル」や「課題解決スキル」はなぜ大切なのだろうか。ＯＥＣＤは、二一世紀に大切になる能力として「二一世紀型スキル」を定義し、四領域一〇スキルを挙げている。その中に、「コミュニケーションスキル」も「課題解決スキル」も含まれている。

つまり、お手伝いは、これからの社会を生きる力に繋がるのである。

図3.4.130 お手伝いの頻度と課題解決スキルの関係

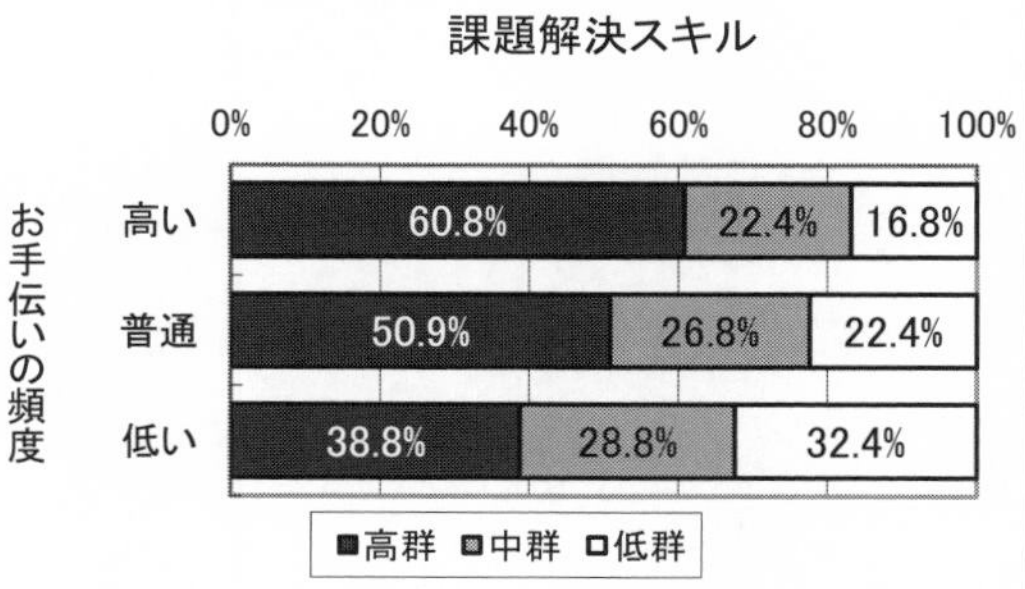

(二) 子どもはお手伝いをしたい気持ちをもっている

お手伝いが大切なことは分かっても、なかなか子どもにお手伝いを頼んでも、してくれないことがある。なぜだろうか。それは、子どもがやってみたいと思うお手伝いと、親がやってもらいたいお手伝いが異なっているからである。

子どもは、本来お手伝いをしたい気持ちをもっている。子どもが小さいときに、大人のまねをしていろいろとやりたがることがよくある。これは実はお手伝いの始まりなのである。お手伝いをやりたがらないのは、子どもがやりたいこととずれているからなのである。

子どもがまねをしてやりたがったときに、ぜひお手伝いをお願いしてみるとよい。

㈢ まずは子どもがやってみたいと思うお手伝いをお願いする

子どもがある程度大きくなっていて、そのような時期を過ぎていても大丈夫である。

子どもができそうなこと、やってみたいと思うことを、子どもと話し合ってみるとよい。

仕事のリストを作って、子どもに選ばせることも有効である。

先ほどの調査では、保護者が「もっとがんばりなさい」とか小言を言う「叱咤激励」的な関わりをしても、子どもの生活スキルは上がらないという結果も出ている。

小言などを言わず、子どもに任せてやらせてみることが大切になる。

㈣ 続けてがんばることができる工夫を

お手伝いだが、中にはうまくできなくて嫌になったり、興味が薄れてしまい、続けることができなくなったりすることがある。

小さい子どもがすることである。続けることが難しくて当然である。できていないことに注目するのではなく、できたことに注目してあげることが大切になる。できなくて当然、やってくれたらラッキーぐらいに思うことが重要である。

続けてがんばるには、工夫が必要になる。

前節で紹介したような「ご褒美」を取り入れるのもよいかもしれない。
また、どれだけがんばることができたのかを見える化することも効果的だろう。
例えば頑張りカードなどを作るのもよい工夫である。できたら、子どもにシールを貼らせるとよい。
少しずつ子どもの負担にならない程度に続けさせていくことが大切になる。
それが、子どもの生きる力に繋がっていく。

【保護者へアドバイスするときのポイント】

保護者が相談をするときは、多くの場合、「子どもがお手伝いをしてくれない」というような内容が多いと思います。「お手伝いをしない」というマイナス面にばかり目が向いてしまっていることが考えられます

保護者にアドバイスをする際には、まず保護者の気持ちをしっかりと聞いてあげることが大切です。そして、親がお願いしたいお手伝いと、子どもがやりたいと思っているお手伝いにずれがないか考えてみるようアドバイスするとよいでしょう。

また、続かなくて当然であることを話し、子どもが続けることができるような工夫について紹介するとよいでしょう。

中には、「お手伝いにご褒美なんて。やって当たり前」と思う保護者もおられるかもしれません。やりたくないことを続けるのは大人でも難しいこと、それを大人が続けることができるのは、給料などの報酬があるからであることなどを話し、ご褒美についても考えてみることをアドバイスするとよいかもしれません。

5 着替え 脱いだ服はどうしている? ここで差が出る自立への第一歩

(一) 小学校受験によく出題される「衣類のたたみ方」

小学校受験によく出題される問題の一つに「衣類のたたみ方」があるそうだ。手先の器用さや家庭での躾のレベル、お手伝いの状況を見る等々のことが、本人の自立の度合いを確かめるために行われているようである。小学校受験をするかしないかにかかわらず、「衣類がたためること」は自立への第一歩だと考えられているということだろう。

では、何歳ぐらいから服をたためるようになるのだろうか。津守・稲毛式乳幼児精神発達診断によれば、次のようである。

四歳〇ヶ月　前のボタンをひとりではめる
五歳〇ヶ月　上衣をひとりで着る
六歳〇ヶ月　自分で洋服の脱着をし、おとなの手をほとんどかけない
七歳〇ヶ月　気が向くと、洋服を脱いだ後、きちんとたたむ

小学校入学時には、まだまだ服をきちんとたためなくても、発達的に心配しなくてよいことが分かる。ただ、二年生までにはできるようになってほしいことの一つと言えるだろう。

㈡脱いだ服をたためるようにするためには

どのようにすれば脱いだ服をたためるようになるのだろうか。

スモールステップで指導していくことが大切である。

ハンカチなどの簡単な物からたためるようにする

いきなり洋服などをたたむことが難しい場合は、ハンカチなどの簡単な物から、たたむことができるようにするとよい。端と端を合わせるときれいにたためるなどのたたみ方を教えてあげて、一緒にたたむ練習をするようにする。

できるようになったら、少しずつ複雑な物にステップアップしていく。

大きな上着やズボンなどをたたむのは、子どもにとっては難しいものである。

たたみ方が複雑であったり、三つ折りなどをする場合は、どこで折り返せばよいのかが分かりにくいからである

だから、当然一度教えただけではできるようにならない。何度も一緒にたたんでいくうちに、だんだんと身についていくものである。焦らずに、何度も教えていくことが大切である。

また、次のようなものもある。

洋服たたみボード

インターネットで検索をすると、いろいろな商品が出てくる。子どもでも簡単にたたむことができるように開発されたものである。ボードに合わせて服をたたんでいくと、きれいにたたむことができる。段ボールなどを使って、自作もできるようだ。インターネットで「洋服たたみボード　作り方」で検索してみるとよい。

このようなグッズを使うことで、子どもでも上手にたたむことができるようになる。

㈢服をしまうことができるようにするには

服をしまうことができるようにするには、次のことを確認する必要がある。

①どこにどのようにしまえばよいのかが、子どもに分かるようになっているか

まずは、子どもがどこにしまえばよいのか、どのようにしまえばよいのかが分かるようになっているのかを確認する。それが分からないなら、子どもがしまうことができないのは当然である。

子どもの服が入っている戸棚などに、中に入っている物を写真で撮って貼っておく

このようにすることで、子どもでもどこに何をしまえばよいのかが分かるようになる。

また、次のことも大切である。

②子どもがしまうことができるようになっているか

ハンガーにかけても手が届かない。詰め込みすぎていて、子どもの力では入れることができないなど、そもそも子どもがしまうことができない状態になっていないだろうか。子どもができるように環境を整えていくことも大切なことである。

加えて、次のことが大切である。

まずは、周りの大人がきちんと服をたたんだり、しまったりすること

子どもは大人のやることをよく見ている。まずは周りの大人がお手本となることが大切である。

【保護者へアドバイスするときのポイント】

保護者から「服をきちんとたたまない」という相談を受けた場合は、まずは、発達的にまだまだ自分できちんとできる年齢ではないことを伝えて、安心させましょう。七歳でも気が向いたときにしかできないことだと伝えるとよいでしょう。

その上で、たたむことができるようになるための手段を具体的に提案するとよいでしょう。

6 お箸 使おうとしたときに正しい持ち方を教えよう

(一) お箸の使い方はいつから練習すればよいのか?

お箸使いはいつから練習すればよいのか。発達的には根拠はない。
だから、使おうとしたときから練習を始めるとよい。
ただ、お箸が上手に使えるようになるには、次のことができる必要である。

指が上手に動かせるようになること

例えば、次のようなことが目安になる。

①フォークやスプーンを、下から持てるようになる
②ピースサインができるようになる

これらのことができるようになっていれば、お箸を使うことは可能である。あとは繰り返し練習をしていくことが大切になる。

(二) まずは指を上手に動かす練習から

お箸を使えるようになるには、まずは指を上手に動かすことが必要だ。指先を使う遊びをたくさん行う中で、だんだんと指を上手に動かせるようになる。

例えば、次のような遊びが有効である。

ブロックや積木　粘土　紐通し　シール貼り　工作　など

このような遊びで指先を上手に使うことを学ばせていく。

(三) 子どもに合った箸を用意する

指を上手に動かせるようになったら、子どもに合ったお箸を用意する。

いろいろなお箸が売られている。六角の箸やすべりにくいお箸など、様々ある。それぞれ一長一短があるが、特に大切なのが、箸の長さである。

お箸の長さは、次のことが目安になる。

①親指と人差し指を直角に開く
②親指と人差し指の先までを結んだ距離を一・五倍にした長さがぴったりの箸の長さである
（兵左衛門「お箸の選び方」https://hyozaemon.shop-pro.jp/?mode=f5）

お箸メーカー兵左衛門のＨＰには、おおよそのサイズとして、次のことが挙げられている。

身長一〇〇センチメートル以下　～二歳　↓　一三センチメートル
身長一〇〇～一一〇センチメートル　三～四歳　↓　一四・五センチメートル
身長一一〇～一二〇センチメートル　五～六歳　↓　一六センチメートル
身長一二〇～一三〇センチメートル　七～九歳　↓　一八センチメートル

これは身長の一五パーセントで、足のサイズである。

うまく使えるには、長さが大切である。子どもに合った長さのお箸を用意するようにしたい。

㈣ お箸の持ち方

お箸の持ち方は、次のように指導していく。

①「上の箸」の持ち方を練習する

まずは一本のお箸で、「上の箸」の持ち方を練習する。鉛筆を持つように、人差し指と中指と親指で持つ。

それができたら、箸を上下に動かす練習をする。人差し指と中指を少し曲げ、数字の「１」を書くように箸先を上下させる。

②「下の箸」の持ち方を練習する

次に「下の箸」の持ち方を練習する。親指と人差し指のつけ根のところで箸を挟み、薬指の爪の横のところにあてて固定する。下の箸は、固定して動かさないのが基本である。

③「上の箸」と「下の箸」、二本のお箸の持ち方を練習する

二本の箸先をそろえて、お箸を持つ。下の箸は動かさず、上の箸を人差し指と中指で挟むようにして上下に動かす。

㈤ いきなり食事に使わずに、まずは遊びから

お箸の使い方を教えてもいきなり食事に使うのはよくない。食べたいのになかなか食べられなくて、イライラしてしまう。

まずは、遊びの中でお箸を使う練習をするとよい。丸めたティッシュや小さなスポンジなどをつかむ練習をする。それができるようになったら、豆つかみなどにチャレンジしてみる。豆を箸でつかみ、隣のおさらに移す。それを何秒でできるのかチャレンジさせていく。

上手にできるようになったら、食事でも使っていくようにするとよい。

【保護者へアドバイスするときのポイント】

お箸の使い方について相談を受けたときは、まずは、何歳からでも正しい使い方を練習すれば必ず使えるようになることを伝えましょう。外国の方が、練習すれば何歳からでも上手に使うことができるようになるのが、そのよい例です。

その上で、この節にあるようなステップで教えるのがよいことをアドバイスしましょう。食事中に教えようとすると、どうしても親も厳しく教えてしまいがちなので、まずは遊びの中からスタートするとよいことをしっかりと伝えましょう。

7 登下校 同じ道で学校に行く練習をして、子どもの不安を解消!

(一) 登下校の練習はいつ頃からすればよいのか

子どもが自分の家に帰るまでどのような道を通ればよいのか。大人にとっては簡単なことでも、子どもにとってはとても難しいものである。特に最近は子どもの連れ去りなどの事件が増えている。また、交通事故なども多く起きている。子どもをこのような危険から守るためにも、登下校の練習は必要だろう。多くの場合、登下校の練習は、

小学校入学が近づく、年長の三学期ぐらいから始めるようだ

必ずいつ頃からしないといけないという明確な基準はないが、一つの目安として考えてもらいたい。

(二) 登下校の練習の仕方

①学校に行く道を一緒に歩いてみる

まずは、子どもと一緒に学校に行く道を歩いて、学校まで行ってみる。

親も子どもと同じ目線に立って、どこが危険なのか、目印はどのようなものがあるかを確認しながら行くようにする。

特に、次のようなことを確認してみるとよい。

・人通りの少ないところはどこか
・車の多いところはどこか
・気が散りそうなものはどこにあるか
・子ども一一〇当番の家はどこにあるのか

危険なポイントと理由を伝えながら、歩いて行くようにするとよい。

また、交通事故を防ぐためには、ただ横断歩道を通るだけでは不十分である。

次のようなことにも気をつけるように伝える。

・横断歩道を渡るときは、右左右だけでなく、前と後ろもよく見る
・車が止まってくれたら、ドライバーと目を合わせて自分がいることを分かってもらう
・横断歩道を渡るときでも、もしかして車が来るかもしれないから、周りをよく見る

実際の通学路を使いながら、気をつけるべきポイントを教えていく。そして、横断歩道を実際に渡る際

には、練習をさせるようにする。

さらに、不審者との接触を防ぐために、次のようなポイントも確認していく。

- エレベーターに見かけない人がいた場合、一緒に乗らないようにする
- エレベーターでは、ボタンを押せる場所に、壁を背にして立つ
- 階段や踊り場で声をかけられたり、つきまとわれたりした場合は、下の階へ逃げる

（警視庁ＨＰ「防犯チェックポイント」https://www.keishicho.metro.tokyo.jp/kurashi/higai/kodomo/checkpoint.html）

不審者による連れ去りを防ぐためにとても大切なことである。

②少しずつ親と一緒でなくても歩けるようにしていく

学校までの行く道が分かったら、今度は少しずつ親がいなくても歩けるようにしていく。

例えば、行きと帰りの途中までは一緒に帰って、家までの残り少しは、自分一人で歩くようにする。親は少し離れて後ろから見守ってあげるとよい。

それができるようになったら、少しずつ子どもだけで歩く距離を長くするようにする。

このようにして、親と一緒でなくても歩けるようにしていくことが大切である。

㈢ 実際の登下校の時間に合わせて歩いてみる

昼間や休日に歩くのと、実際の登下校の時間に歩くのとでは、交通量や人の多さなど、様子が大きく異なることも多い。入学前の春休みなどに、実際の時間で一度練習をしてみると、これまでとは違ったことが見えてくることもある。

登下校は、保護者にとっても、子どもにとっても不安なことが多い。実際に通る道で練習をして、不安を解消しておくことが大切である。

地域によっては、子ども安全マップのようなものを作成しているところもある。身近な地域の危ない場所や子ども一一〇番の家などが記されている。このようなマップを紹介することも大切である。

【保護者へアドバイスするときのポイント】

登下校について相談を受けたときは、まずは、親から離れて歩くのは、子どもにとってはとても不安があるものであることを伝えましょう。それは、これまで幼稚園や保育所、子ども園などでは、親と一緒に登校をしていたので当然と言えます。その不安を解消するためには、練習が有効であることを伝えましょう。

練習をする際には、お家の人の協力が何よりも不可欠です。時間はかかりますが、少しずつ不安を解消できるようにしていくことを伝えましょう。

また、一人では難しくても、友達と一緒なら可能な場合もあります。家が近所の子どもと一緒に登下校をするとよいことなども伝えましょう。

焦らず、少しずつできるようにしていくことが重要です。

第2章

「うちの子、本当に大丈夫?」

我が子の「かなり」気になる行動 ～生活習慣を中心に～

1 コミュニケーション①
おしゃべりを始めると、なかなか止まらない

(一) 四～六歳の子どもたちにとって、おしゃべり好きは正常な発達ととらえる

一度おしゃべりを始めると、なかなかやめられない子がいる。

小学校に上がる直前に、おしゃべりをやめられない状態の子を前にして、「この子は小学校でやっていけるのかしら……」と不安になる保護者もいる。

しかし、発達段階から考えると、四～六歳の子どもたちにとって、おしゃべりを続けることは、ごく普通のことである。様々なことに興味をもち、親を質問攻めにする。これは、正常な発達である。

このような相談に対しては、次のように答える。

①子どものおしゃべりに、できる限りつき合う
②用事などがある場合は、「今からお仕事があるから、夜聞くね」とお話を聞く約束をする

保護者としてはおしゃべりにつき合うのは大変だが、言語発達の時期を考えれば、このように対応するのがよい。

(二) 発達障害の子が、おしゃべりを止められない原因

しかし、大人の側に今聞けない理由があってもおしゃべりを続けたり、聞いてくれないと癇癪を起こしたりする場合は、発達に問題がある可能性がある。

発達障害の子の場合、原因として考えられるのは、次の二つである。

①話を聞かされたり、ジッとしていたりする状態を強いられている
②「おしゃべりをやめなければいけない」ということに気づいていない

例えばＡＤＨＤの子どもの場合、脳内のドーパミンが不足したり、うまく取り込めなかったりすることが分かっている。ドーパミンは楽しいことを行うと分泌される。しかし、お話を聞いたり、その場でジッと座っていたりすることを強要されると、ドーパミンは分泌されない。結果、おしゃべりをしてしまうことになる。

また、多くの大人が「やめなさい」という言葉でやめさせようとする。しかし、子どもたちの中には、聴覚情報処理が苦手な子がいる。その子の場合、いくら言葉で「やめなさい」と言われても、分からないのでやめられない可能性がある。

㈢おしゃべりをやめさせる具体的方法

「おしゃべりを止められない」場合、次のように対応するのがよい。

①「運動」を取り入れる

②人差し指を口に当てたり、絵カードを見せたりするなど、視覚情報で入力する

①「運動」を取り入れる

幼稚園や低学年の子どもたちの場合、ジッとさせておこうと考えること自体に無理がある。だから、「運動」を取り入れる。運動を取り入れることで、脳内にドーパミンが分泌され、多動や衝動行動が抑えられる。「運動」とは、例えば次のようなことである。

(1) **絵描きやぬり絵をする(手や指先の運動)**

(2) **歌を歌ったり、絵本を読んだりする(声を出す)**

もちろん、外で遊ばせることも、運動を取り入れた一つの方法である。

このように運動をしているときは、子どもたちは集中し、シーンとなって取り組む。

②人差し指を口に当てたり、絵カードを見せたりするなど、視覚情報で入力する

聴覚情報処理の苦手な子には、「視覚支援」を行う。一番簡単なのは、次の方法である。

(1) **人差し指を口に当てて、「シーッ」と言う**

このジェスチャーは、パッと見て分かる子が多い。もし分からないのであれば、最初に「このようにしたら、静かにするんだよ」と教えてあげればよい。

ジャスチャーと共に、「シーッ」という声を出す。「シーッ」という聴覚情報に反応する子もいる。これで、視覚情報・聴覚情報の両方から入力したことになる。

視覚支援をするなら、次のような教材も有効である。

(2) パッと行動支援絵カード（教育技術研究所 https://www.tiotoss.jp/products/detail.php?product_id=2893）

中に入っている「しゃべらない」のカードを見せて、「おしゃべり、やめようね」と教えてあげる。

このように作業を取り入れたり、視覚支援をしたりすることで、叱らずにおしゃべりをやめさせることが可能になる。

【保護者へアドバイスするときのポイント】

まず「おしゃべりが多いんですね」と受容し、保護者のお話をしっかりと聞くようにしましょう。そして、「この時期の子どもは、どの子もよくしゃべると言われていますよ」と伝え、保護者の不安を軽減するようにしましょう。

発達に問題があることが予想される場合は、運動を取り入れることや視覚支援など、具体的な対応の仕方を伝えましょう。その後は、保護者との連絡を密にして、伝えた対応がその子に合っているかを確認することが大切です。

2 コミュニケーション② お友達と遊ばず、いつも一人で遊んでいる

(一) なぜ一人ですごしているか

ふと見ると、お友達と遊ばずに、いつも一人で遊んでいる子がいる。

「今日は晴れているので、お外へ行きましょう」と、自由時間が始まってすぐ、子どもたち全体に向けて言ってみる。しかし、気がつくと、その子はいつも一人で過ごしている。

これは、発達障害の広汎性発達障害(自閉症スペクトラム。以下、ASD)の可能性がある。

> 自閉症の社会性の障害とは、人と人との基本的なつながりに生まれつきの苦手さがあるということに他ならない。
> (杉山登志郎『発達障害の子どもたち』講談社現代新書、二〇〇七年、七二頁)

一人遊びが好きという性格であることや、一人遊びがしたい時期である子どももいる。そのため、先生が子どもの様子を日頃から観察したり、そっと話しかけたりして、子どもの様子を把握しておくことは大前提である。また、すべての発達障害の子どもがお友達と遊ぶことができないわけではない。仲良くお話をしたり遊んだりする子どももいる。

では、いつも一人で遊んでいる子どもには、どのような理由が考えられるだろうか。

原因として考えられるのは、次の二つである。

①どのように関わればいいのか分からない
②興味のあることや好きなものがない

これに関して、ＡＳＤの対人関係のもち方によるタイプ別に、精神科医の杉山氏は分類した。対人関係で人との関わりを避けてしまうタイプ（孤立型）、受け身であれば人と関わることができるタイプ（受動型）、マイペースでたくさん動きたいタイプ（積極奇異型）の三つに分けている。杉山氏の著書をまとめると次のようになる。

ＡＳＤの子どもの場合、これらのタイプが変わっていくことがある。多くの子どもは、幼児や小学校低学年という早めの段階に療育を行うと孤立型であった子どもも、だんだんと受動型に、積極奇異型であった子どもが高学年になるにつれて受動型に変化していく。

こうした結果も多数、認められている。

㈡ 一人で遊ぶ子にどう対応するか

ＡＳＤの子どもたちは、社会性やコミュニケーションに苦手さを感じている。団体行動や人の様子を察して言動することや、保護者から離れるのが苦手、等。クラスにいる子は「不安」「どうしていいか分からない」とよく言っている。まずは、

①どのように関わればいいのか分からない

という困り感があるため、この子に直接関わるのではなく、周囲から近づいていくようにする。

もし、自由時間に暇をもてあましている様子が見られたら、パズル・お絵描き・折り紙・絵本……などに誘ってみるのもよい。中でも、次の本が有効である。

吉川武彦監修『ワーキングメモリーをきたえる　アタマげんきどこどこ』（騒人社　https://www.soujin-sha.com/）

子どもが熱中する、もの探しの本である。見開きページで、学校編なら学校の様子が、動物編なら動物が動作をしている様子が描かれている。シリーズで種類がいくつもある優れもので、イラストの中から問題のものを見つけたり、数えたり、探したりしていく。

先生が「これ、見つけられるかなぁ」と言いながらＡＳＤの子のところへ本を持っていくと、他のところで遊んでいた子たちも集まってくる。「あ、ここにいた！」「これだよ、これ」と、口々に言いながら指をさして遊び出す。自然と一緒に友達と遊び、仲良くなれるツールなのである。

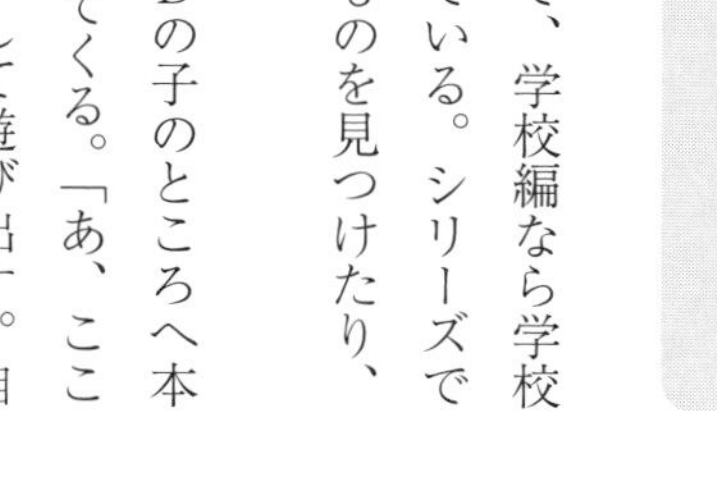

この本は、一人で楽しむこともできるが、もちろん、前述のように他の子との関わりを生む。幼稚園では、年少組の子も理解でき、小学校高学年の子たちも楽しんでいた。また、この本は文部科学省の特別支援学級・

学校の教科書に認定されている。「ワーキングメモリーをきたえる」効果が、医学的にも立証されている。

本の一冊目の内容やツールを選ぶ際は、

②興味がある事や好きな物を用意する

ことが有効である。

その子が、どんなことに興味があって、何が好きかを把握しているだろうか。

ぜひ、その子と話したり、持ち物の柄を見たり、保護者に尋ねたりして欲しい。そうすれば、次への手立ても打ちやすくなる。関わり方は固定せずに、いろいろなものを試してみる。大人が間に入ってやればいいのである。


【保護者へアドバイスするときのポイント】


まず、「一人で遊ぶのは心配ですよね」と共感しましょう。それだけで、保護者の不安は軽減します。その上で、子どもとよく話をして、好きなものや興味のあるものを知ってもらうようにしましょう。

また、学校や園で行っている「友だちと関わるための対応」について、具体的に伝えましょう。一人で過ごしたいタイプの子どもの場合は、「一人でいる時間も、必要ですよ」と伝えることも大切です。定期的に連絡することで、保護者も安心されます。保護者との連絡は、密に取ることをおすすめします。

3 コミュニケーション③ 親や友だちと、ほとんど会話をしない

㈠ 会話をしない原因は？

会話が少しずつ成立するようになるのは、およそ三歳ごろからである。

ところが、小学校入学前後の五、六歳になっても会話をしないとなると、親は心配になる。

会話をしない子は、次の二つのタイプに分けられる。

① 「幼稚園や学校では会話をしないが、家では会話をする」タイプ
② 「家でも幼稚園や学校でも会話をしない」タイプ

①のタイプの子は、お家の人とはよくしゃべっているのに、幼稚園や学校に行くと先生や友だちと全くお話ができなくなる。場面によって会話が成立しなくなる。
原因は、次の可能性が高い。

場面緘黙

場面緘黙とは、「学校や会社など特定の状況下で話すことができないという疾患」である。

このタイプの子は、無理矢理しゃべらせようとすると泣いてしまったり、余計かたくなにしゃべらなくなってしまったりする。

疾患である以上、教師の思いつきで指導することは危険である。

②のタイプの子は、家でも学校や園でも会話をしない。この場合、会話の成立そのものが難しいと考える。

熊谷高幸氏（福井大学名誉教授）は次のように書いている。

> コミュニケーションの基本は、図8の左図のような三項関係が生まれることによって成り立つ。三項関係とは、子ども（第一項）と大人（第二項）が同じ対象（第三項）に注意を向ける状況を作るものであり、通常、満一歳になる少し前に形成される。（中略）
>
> ところが、感覚過敏の特性を持つ自閉症児は、自分の感覚に先に入り込んできた事物に敏感に反応し、大人が示す対象に注意を切り替えにくい。（中略）そのため、言語の獲得が難しくなったり、言語発達が遅れることが多くなる。
>
> （『自閉症と感覚過敏——特有な世界はなぜ生まれ、どう支援すべきか？』新曜社、二〇一七年、四二〜四三頁）

会話そのものをしない場合は、この「三項関係」が成立していない可能性が高い。

子どもがＡＳＤ（自閉症スペクトラム）であったり、感覚過敏を抱えていたりする可能性がある。

(二) 会話をしない子への対応

① 「幼稚園や学校では会話をしないが、家では会話をする」タイプ

家での会話は成立しているので、コミュニケーション能力に問題はない。つまり、園や学校という場に原因がある可能性が高いということになる。大切なのは、「先生の対応」になる。最もよくない対応は「無理矢理、話をさせる」ことと「無視・放置」である。

幼稚園や小学校の先生は、次の対応が必要になる。

その子の「存在」を認めていることを、本人に伝える

「先生は、あなたのこと、大好きだよ」ということを、言葉や表情、ジェスチャーで伝える。「来てくれて、ありがとう。嬉しい」「〇〇ちゃんが、先生のクラスでよかった」といった言葉を笑顔で伝えることも有効である。この対応を繰り返すことで、先生と子どもの信頼関係を構築することができる。

信頼関係ができても、慌てないことが大切である。その子が話したくなるまで、待ってあげることも大切な対応である。

② 「家でも幼稚園や学校でも会話をしない」タイプ

三項関係が成立しにくいASDや感覚過敏の子どもに、会話を求めることは難しい。

そこで、次のような対応をする。

視覚情報処理を使ったコミュニケーション

例えば、絵カードを使って自分のやりたいことを指さす。やめさせたい行動は、絵カードを使って伝える。自閉症スペクトラムの子の中には、言語によるコミュニケーションは難しくても、視覚情報を使ったコミュニケーションならばできる子がいる。大切なのは、伝えたい情報を「一目見て分かる絵」にすることである。背景など余計な情報を入れると、伝わらなくなる。

このように、視覚情報処理を使って子どもとのコミュニケーションを取りながら、言語の発達を待つことが大切だ。

数ヶ月という短いスパンではなく、年単位の長いスパンで待つことで、ゆっくりだが子どもたちのコミュニケーション能力を成長させていくのである。

【保護者へアドバイスするときのポイント】

まず、保護者の方と連絡を取り、「家でお話ができているかどうか」を確認しましょう。そして、保護者の方の不安に共感することが大切です。

その上で、場面緘黙の場合は、保護者の方が安心できるように、「〇〇ちゃんがお話ししたくなるまで、ゆっくり待ちましょう」と伝えるのがよいでしょう。ＡＳＤが疑われる場合は、絵カードなどの視覚支援でコミュニケーションを取りながら、焦らずお話しできるようになるまで待つようにアドバイスしましょう。先生が、専門家のアドバイスを受けることができるなら、そのアドバイスを保護者に伝えるとよいです。

4 トラブル
友だちと遊んでいるうちにケンカになり、叩いたり、蹴ったりしてしまう

㈠ なぜ、叩いたり、蹴ったりしてしまうのか

幼稚園や小学校で、トラブルを起こす子がいる。その中で、保護者の方が最もナーバスになるのは「他の子に危害を加える」トラブルである。幼稚園や小学校から連絡が入る。学校に対して謝罪をしたあと、相手の保護者にも謝罪の電話を入れることになる。

なぜ、叩いたり、蹴ったりしてしまうのか。

二つの理由が考えられる。

①言葉による表現が、未発達な状態である
②ルールや規則に厳密で、周りの子にもそれを求めてしまう

人間は、言葉によるコミュニケーションができる。だから、嫌なことがあっても、「やめて」等の言葉で回避することができる。

遠城寺式乳幼児分析的発達検査表には、次のような項目がある。

言語・発語　同年齢の子どもと会話ができる　三歳～三歳四ヶ月

このことから一般的に、三歳になると簡単なコミュニケーションが可能になると考えられているのである。

しかし、発達障害の子どもたちの中には、言語発達がゆっくりの子がいる。実年齢は四〜六歳でも、言語発達は三歳に満たないことがある。言語発達が三歳に満たなければ、相手に自分の気持ちを言葉で伝えることができないため、叩いたり、蹴ったりしてしまうことになる。

また、「ルールや規則に厳密」な子は、ASD（自閉症スペクトラム）に多い。ASDの子は、こだわりが強いのが特性である。先生から一度教えられたルールや規則を厳密に守ろうとする。

しかし多くの子どもたちは、遊びの中で「まあ、これぐらいいいか」とルールや規則を変えたり、曖昧にしたりする。ASDの子は、これが理解できない。だから「なんでルールを守らないんだ！」とトラブルになるのである。

(二) 対応の基本は「未然防止」

彼らへの対応の基本は、次のことである。

不適応行動を未然に防ぐ

叩いたり、蹴ったりしてしまってからでは遅い。例えば、次のように対応する。

① 遊びのルールや規則を、具体的に教える
② 友だちと遊ぶときには、親や先生が一緒について行く

ルールや規則を厳密に守ろうとするASDが疑われる子の場合、子どもたちがやっている遊びのルールや規則について、具体的に教えてあげる必要がある。

例えば、鬼ごっこの場合は、次のように対応する。

①関わる大人が、周りの子どもから今やっている鬼ごっこのルールを聞く
②ルールを紙に書く(視覚支援が必要な子には、絵を描く)
③一対一で、ルールを確認する

ここまで個別に話した上で、鬼ごっこをしている子どもたちを集め、次のように話をする。

「このルールを守るんだよ。急に変えたりしないでね」

周りの子への指導がなされてはじめて、トラブルを未然に防ぐことができる。

しかし、このように対応しても、トラブルが生じることはある。その場合は、トラブルが起こらないように大人がつき添い、トラブルが起こりそうな場面で、「今はこのように言えばいいよ」「ここは、ちょっと我慢しよう」などと介入してあげればよい。

幼稚園や小学校で遊ぶ場合は先生が、家で遊ぶ場合は親が一緒に遊ぶようにするだけで、トラブルは激減する。

㈢「コミック会話」を使って、視覚化する

トラブルが起こったときに、自分の思っていることを上手に伝えられない場合は、

「コミック会話」を活用する

とよい。コミック会話とは、人物を線画で描いて吹き出しの中に言葉を入れていくものである。言葉のやり取りや行動を視覚化できるので、イメージ力の弱いＡＳＤの子や、言葉に遅れのある子の気持ちを代弁するために、有効な方法である。

コミック会話を使って、トラブルの状況を的確にとらえることで、トラブルを少しずつ減らすことができるのである。

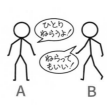

【保護者へアドバイスするときのポイント】

手足が出てしまう子の保護者は、学校からの電話に「また何か言われるのではないか」と不安になります。保護者に連絡するときは、まずその子のよいところを伝えるようにし、保護者との信頼関係を築くことが大切です。

信頼関係ができたら、よいことの中に、相手を叩いたり蹴ったりしてしまう事実を少しずつ入れてきましょう。そのとき、「叩いてしまう〇〇くんのことが心配です」と心配していることを伝えると、学校に相談しやすい雰囲気を作ることができます。よいことと悪いことは、九対一ぐらいのイメージで伝えましょう。

5 負けず嫌い 遊びで負けると、その場で大泣きして怒る

(一) 負けると、大泣きして怒る原因は？

遊びの中で負けると、その場で大泣きして怒る子がいる。「負け」を受け入れられず、勝手なルールを決めたり、他の子のせいにしたりする。これはＡＳＤタイプの子どもの可能性がある。

勝ち負けにこだわる子どもはAS症状をもっている場合があります。
（平山諭『こんなとき、どうすればいいの？ 発達障害への対応――究極の相談Qと助っ人のA48例』明治図書出版、二〇〇八年、七三頁）

原因として考えられるのは、以下の三点である。

①人の気持ちや場の雰囲気が読めない
②ルールに厳密であり、ファジーな状態が苦手である
③怒りっぽく、周囲からの刺激に対して過剰に反応し、癇癪を起こす傾向がある

ＡＳＤ傾向の子どもは、人の気持ちや場の空気が読めないことがよくある。よって、他人の表情や言葉

のニュアンスがくみ取れないことが多い。相手の気持ちを想像したり、その場の空気が読めたりできれば、負けても過度に怒ったり泣きわめくということはない。

また、ルールに厳密であるだけでなく、個人的なルールを持っているケースもある。

昭和大学医学部精神医学講座主任教授の岩波明氏は、ＡＳＤ傾向の人について次のように述べている。

> 本人なりの「マイルール」を持っていることもよくある。
> （『天才と発達障害』文春新書、二〇一九年、五八頁）

特定の事柄に対するこだわりの強さがあり、勝ちにこだわると負けを受け入れられず、自分なりのルールをもちだしてしまうこともある。

さらに、怒りっぽく周囲からの刺激に対して過剰に反応し、癇癪を起こす傾向があるのは、反抗挑戦性障害の特徴と重なる。自己肯定感が低く、周りは敵であるという認識に至っている傾向があるため、癇癪を起こして相手を傷つける言動をとってしまう。

(二) 負けると泣いて怒る子への対応

新生活の入門期の子どもたちの場合、このような特性がなくても負けると怒ったり、すねたりする子もいる。負けたことを悔しがること自体が問題ではない。問題なのは、「大泣きして怒る」ということである。それが長く続いたり、他の子への攻撃や迷惑となったり、その場から飛び出したりといった不適応行動を起こす場合、次の教材を使って指導するとよい。

①五色名句百選カルタ
②ペーパーチャレラン

①五色名句百選カルタ

基本、「エラーレス」で失敗させない。

最初は、全部その子に取らせる。対戦相手は、大人(先生や保護者)である。教師(保護者)が札を読みながら、ゆっくりと手を伸ばすと、その子はその下に手を入れて札を取る。

全部取られたところで大人が、「すごいなあ。全部取られちゃったなあ」と言う。このようにして、失敗なしの状態でルールを教えていく。

小さな「負ける体験」を意図的に積ませる。

次に、負ける経験を少しずつさせていく。大人が一枚だけ取る。その子の手の下に手を入れ、今はどちらが勝ちかを聞く。そのときに、取られたが我慢できたことを目一杯褒めることが大切だ。

次に、同時に札をさわる。どっちかはっきりしないときはじゃんけんで決めるということを教える。じゃんけんで負けて札を取られることもあるということを経験させる。

ルールが定着したら、負けの回数を増やしていく。はじめは、負けるかもしれないという状況をたくさん経験させる。徐々に負けることもあるということ、負けたときに悔しさを正しい言動で表現できるように、大人がモデルとなって何度も示していく。その上で、最後にその子に負けさせ、我慢できたことをたくさん褒めていく。負けを受け入れた行動を強化していくのである。

②ペーパーチャレラン

ユースウエアがあるため、その通りに行う。するたびに点数が上がったり下がったりするが、楽しいため次々にチャレンジしていく。点数が下がったときに、そんなときもあるということ、それでもまたチャレンジして偉いということ、怒らなかったことを褒め、その経験を増やしていく。

こうした教材のほか、クールダウンスペースを作っておくのも大切なことである。

泣いたり怒ったりして落ち着かないときには、その子が一人でいられる部屋を決めておくとよい。そうすることで、失敗してもあの部屋に行けばよいという逃げ場を作っておくのである。

場所は、その子が落ち着いているときに、その子が好きなものや、好きな空間を聞き、一緒に決めておく。「我慢できなくなったら、ここに来ようね」と約束する。そうすると、そこに来たことを褒めることができる。

【保護者へアドバイスするときのポイント】

癇癪を起こす子の場合、保護者が対応で疲弊していることが多いです。保護者に対して「よくがんばっておられますね」とねぎらった上で、癇癪を起こしたときはしばらくそっとしておくように伝えましょう。落ち着いたら、「怒った理由は何かな」と原因を聞き、本人のマイルールを確認するとよいでしょう。

長期的には、成功体験を積む中で小さな失敗体験を積み重ねることができるかるた教材などを活用して、負けを受け入れられるようにすることが大切です。

6 不安
いつもオドオドしていて、自信がなさそうに見える

㈠ 不安の強さ

「先生、トイレに行ってもいいですか」「先生、書いてもいいですか」

さっき全体に指示したのにもかかわらず、常に不安そうであり、自信がないから何度も先生に確認する。

またオドオドしていて、授業中、やる気がないように感じる子がいる。

これは、脳のホルモン「セロトニン」が足りていない。

その原因として、対人恐怖、家庭での虐待の可能性がある。

家庭で虐待があると、子どもの目におどおどした感じが出てくる。どなる先生に反応していることもある。

（平山諭・甲本卓司『ＡＤＨＤ症状を抑える授業力！――特別支援教育の基本スキル』明治図書出版、二〇〇六年、五五頁）

初めての小学校。様々な保育所、幼稚園から来て、初めてクラスが一緒になる子どもたち。最初は不安にならないわけがない。しかし、そういった時期が過ぎてもオドオドしたり、びくびくしたりする行動が続く場合、次のことが考えられる。

①不安傾向の強さ
②家庭での虐待

どちらの場合にも、脳内のセロトニン作動系神経ネットワークの働きが低下している。
神経伝達物質であるセロトニンを放出させるために、次の五つの方法がある（セロトニン５）。

1. 見つめる
2. ほほ笑む
3. （優しく）話しかける
4. （体に）触る（スキンシップ）
5. ほめる

（平山諭『親と教師のためのＡＤＨＤ・ＡＳを変える環境対話法』麗澤大学出版会、二〇〇四年、七五頁）

この対応を取り入れることでセロトニンが分泌される状態になり、「満足感」や「幸福感」を感じることができるのである。

(二) 安定のホルモン「セロトニン」

セロトニンを分泌すれば、安心感を得られる。
そのためにセロトニンを出す対応を、授業で取り入れるとよい。

①授業は優しい笑顔で

こうすることで、「見つめる」「ほほ笑む」ことがしやすい状態になる。授業中、子どもの方を見ないで、怖い顔だと逆効果である。

②受容・共感した声かけ

授業中にしっかり「話しかける」ということは難しい。しかし、何度も声かけすることはできる。例えば、「いいね」「大丈夫。できているよ」「それでいいんだよ」など、受容的、共感的な声かけはできる。

③褒めながらのスキンシップ

保育園にいるセロトニン不足の子どもは、保育士さんの耳や髪の毛を触ったり、自分の指を口に入れたりする。それは触ることによってセロトニンが放出されるからである。

授業中であれば、「スキンシップ」と「褒める」は同時に行ってあげたい。「よくできたね」と褒めながら頭をなでてあげたり、「すごい！　握手しよう」と手を握ったりすることができる。

机間指導で、そっと背中をなでてあげたり、「それでいいよ」という意味で、肩をポンと触ったりすることもできるだろう。しかし、なかには触られることに嫌悪感をもつ子もいるので、触る際には注意したい。

褒めることができなかったとしても、努力している状態や、経過を褒めることができる。事実や状況を評価することで、動機づけを達成できるとされている。

例えば、「〇〇くん、クレヨン持ってるね」「〇〇さん、座ってるね」などである。実際にクレヨンを持っていなかったとしても、一瞬持とうとしたら、そのように言えばよい。

さらに「〇〇くん、クレヨン、持ってる！　持ってる！　クレヨン、持ってるね」と繰り返すことで、褒めることを強調させる効果もある。

しかしセロトニンを分泌させていても、家庭で虐待があると、その状態が改善されにくい場合もある。養護教諭や管理職と相談し、即座に虐待の状況を把握する必要がある。


【保護者へアドバイスするときのポイント】


対人不安の場合は、保護者に「セロトニン5」の対応を伝えるようにし、家でもやってもらえるようにお願いしましょう。特にだっこをしたり、一緒にお風呂に入ったりするなど「スキンシップ」を多く取り入れると効果的であることを伝えることで、改善する可能性があります。

一方、家庭での虐待も疑われる場合は、学校だけで対応するのではなく、児童相談所や児童民生委員の方と連絡を取り、チームで対応することが大切です。

7 忘れる
やることを何度伝えても、すぐに忘れてしまう

㈠ 不注意が起こす行動

「お道具箱から、のりを出して、折り紙を貼りましょう」

「先生、何するの?」

さっき言ったばかりなのに、全く違うことをしたり、動けなかったりする子がいる。保育園や小学校でも、このような子はいる。何度伝えても、すぐに忘れてしまっている。

これはＡＤＨＤの、特に「不注意タイプ」状態に見られる。

> 不注意タイプ
> (6) やることを忘れることが多い
> (前掲『親と教師のためのＡＤＨＤ・ＡＳを変える環境対話法』一八頁)

学校において、忘れてしまうことで様々な困りごとが起こる。例えば授業中であれば、指示を出しても、何をするか分からない。「休み時間に一緒にやろうね」と言っても、そのまま運動場で遊んでしまう。小学校になれば、掃除の時間がある。「掃除だよ」と伝えても、遊んでいる。

原因として考えられるのは、

である。

ワーキングメモリー（作業記憶）の弱さ

ワーキングメモリーとは、短い間なら覚えておくことができる記憶力のことである。健常発達の場合、ワーキングメモリー容量は7±2ぐらいだと言われている。一方、発達障害の子の容量は1または2、もしくはこれがうまく機能していないことが分かっている。

先ほどの「お道具箱から、のりを出して、折り紙を貼りましょう」だと、

「お道具箱から」
「のりを出して」
「折り紙を貼りましょう」

という三つのことを覚えておく必要がある。

しかし、ワーキングメモリーが弱いと、「折り紙を貼りましょう」と聞いている間に、最初の二つが記憶に残らない。あるいは、最初だけが残って、あとが分からないという状態になる。

大人がそのことを理解し、対応する必要がある。

(二) 対応は「一時に一事」

ワーキングメモリーが弱い子には、次のように対応すればよい。

指示を一つずつ出す

例えば、先ほどの指示を一つずつ出すとどうなるか。

「お道具箱を出します」

この指示で一つである。できてから次の指示を出せばよい。

「のりを出します」

(できたら)

「折り紙を貼りましょう」

これなら、ワーキングメモリーが弱い子でも一つ一つの作業をきちんとこなすことができる。

一つ一つに分けたところで、時間が大きく変わるわけでもない。ワーキングメモリーの問題のあるなしにかかわらず、全ての子どもができるような指示が必要である。

授業で意識すべきポイントは、二つ。

①話すときは短く
②複数のことを話さない

授業以外の場面では、視覚的な支援をするのもよい。例えば、掃除の手順を言葉やイラストで示す。小

学校で初めて掃除をする児童も少なくない。自分のする仕事を、一度聞いただけでは把握しづらい。そこで当番表に、

① ほうきでごみをあつめる

↓

② つくえをはこぶ

↓

③ つくえをぞうきんでふく

のように表示しておけば、誰が見ても分かりやすい環境となる。

一年生であれば、ワーキングメモリーが弱い子たちはもちろん、手順を示しておくことで、様々な活動がスムーズに進む。

何をするのかを明確に示しておくことで、全ての子どもたちにとって過ごしやすい環境となる。

【保護者へアドバイスするときのポイント】

保護者に伝える場合、まず本人ががんばっていることを伝えましょう。その際、「こうすれば、○○君はがんばってできましたよ」と、うまくいった方法を伝えるとよいでしょう。

「一つずつ、分けて伝えるようにしていること」や、「次にすることを目で見て分かるようにしていること」など、学校でやっている具体的な対応を伝えることで、保護者も家庭で実践してくれるようになると思われます。

8 予定変更 一日の予定が変わると、「なんで?」としつこく聞く

㈠ 予定変更が受け入れられない原因

その日の予定が変わることに抵抗感を感じる子がいる。予定が変わると「なんで?」と何度も理由を確かめに来る。

そういう子は、自閉症スペクトラム(ASD)の可能性がある。

ASDには次のような特性がある。

> 自閉症のある子は、一定の法則にそった行動は安心できますが、予期しない変化が起こると動揺します。(田中康雄・木村順『これでわかる自閉症とアスペルガー症候群』成美堂出版、二〇〇八年、三八頁)

あらかじめ予定を把握している。いつも同じ手順で繰り返される。いつも結果が変わらない。そのような「見通しがついている」状況において、ASDの子は安定する。

これは「一貫性があるものを好む」と言い換えることもできる。例えば、電車はいつも決められた時刻に必ず到着する。戦隊ヒーローは最後に必ず勝利する。ボーカロイドは決して音を外さない。このような一貫性のあるものが、ASDの子は好きである。「変わらない」ことが安心感を与えてくれるのだ。

そのためASDの子には、

「生活上のルールや手順」「一日の予定」などをあらかじめ伝えておく

ことが有効である。

見通しがあると、安心感をもって活動できるのだ。

逆に、「一貫性がないもの」「頻繁に変化するもの」に対しては不安感をもつ。先の見通しがもてないから、不安になる。不安感からイライラすることもある。

そのような特性をもつ子にとって、急な予定変更は大きなストレスとなる。

ストレスを受けた状態では、うまく行動することができなくなる。その結果として「失敗体験」が積み重なる。ASDの子は「ガラスのハート」をもつ極めて傷つきやすい存在だ。急な状況変化に対応することができなければ、その子はどんどん傷ついていく。この傷つき体験がパニックを生み、ひどい場合はフラッシュバックを生むことになるのだ。

予定変更をするとしつこく「なんで？」と聞いてくるのは、予定変更の理由が知りたいというよりは、「僕（私）を傷つけないで」「この不安な気持ちを静めてほしい」というメッセージだと考えられる。

その子が求めているのはあくまでも「見通しをもつことによる安心感」だ。周りの大人たちがそのことをよく理解しておくことが大切である。

(二) どのように対応するか

急な予定変更が苦手な子には、次のように対応する。

①大人の都合による急な予定変更はできるだけ避ける
②予定が変わる可能性がある場合は、あらかじめ伝えておく

例えば、小学校ではその日の時間割が急に変わることがしばしばある。運動会練習の時間が延び、その後の時間割が大幅に変更される。算数の授業が予定通りに進まなかったので、次の時間も算数の授業に変更される、などだ。これらはすべて大人の勝手な都合である。しかし、それによって不安になったり、イライラしたりするのは子どもなのだ。

家庭でも似たようなことが起こるかもしれない。「宿題が終わってからおやつを食べる、というルールなのにおやつが用意されていない」や「ゲームは三〇分までと決まっているのに、今日は二五分で終わらせられた」などだ。

もちろん、様々な事情でやむを得ない場合もある。しかし、まず大切にしたいのは、急な変更で子どもを傷つけないよう「大人が計画性をもつこと」だ。

おやつなど必要なものは、多めにストックしておく。日々のルールには、できるだけ一貫性をもたせる。やむを得ず変更してしまった場合には、素直に謝罪することも大切だ。

しかし、そうは言っても予定を変更せざるを得ない場合もあるだろう。

その場合、次の二つが大切になってくる。

「予告」と「承認」

である。

「予告」とは、予定が変わるかもしれないということを事前に伝えておくことだ。「今日の分のおやつがないから、明日は多めにあげるね」「習い事などの用事があるときは、ゲームを三〇分できないときもあるよ」などと事前に聞かされていれば、実際にそうなった場合にも本人は納得しやすくなる。

ただし、「予告」だけで終わってはいけない。その子の「承認」を得ることが大切だ。承認を得ていないなら、それはただの「言いっぱなし」だ。事前に予告し、その子が「いいよ」「分かりました」と承認することではじめて、その子に「見通し」をもたせたことになるのだ。

口頭での説明だけでは伝わりにくい場合もある。そんなときには、メモを書きながら話すなど、視覚的に分かりやすい伝え方をするとよいだろう。

【保護者へアドバイスするときのポイント】

その子の特性を長所として伝えるように心がけましょう。

「〇〇ちゃんは、きちんと見通しをもって行動しようという計画性のある賢い子なんですね」「〇〇ちゃんの計画が乱されないように、急な予定変更はなるべく避けましょう。自分の立てた予定が崩れると誰だってがっかりしますからね」と、子どもの気持ちに寄り添う形でアドバイスするのがよいでしょう。

9 偏食
好き嫌いが多く、ごはんをほとんど食べない

(一) 好き嫌いの原因は？

親にとって、子どもの小食や偏食は大きな悩みの種である。

「栄養バランスよく食べないと、きちんと成長できないのでは？」「小学校に入学したときに、給食が食べられなくて困るのでは？」と、不安に感じる。

幼少期は、比較的好き嫌いが多く見られる。これは、子どもの味覚は大人の三倍敏感なためと言われる。成長と共に味覚を司る「味蕾（みらい）」という器官の数が減少し、苦手だったものが食べられるようになる。

しかし、なかには極端に好き嫌いが強く、ご飯をほとんど食べない子もいる。

原因は、次の可能性が高い。

感覚過敏

すなわち、感覚が異常に過敏なため、他の人が感じないことが気になるのである。

偏食の子が際立っている感覚は、以下の二つである。

①味や食感に強い不快を感じる「味覚過敏」

②特定の匂いをひどく嫌う「嗅覚過敏」

味覚過敏は、普通の「好き嫌い」とは違う。

①口の中の感覚が過敏であるため、特定の食べ物を口に入れることができない
②パサパサ・ドロドロしたものなど特定の食感が苦手

例えば、コロッケのサクサクした食感の衣が、口の中を針で刺されているように感じられ、痛くて食べられない子がいる。カレーのルーとご飯を混ぜると、ぐちゃぐちゃして食べられない子もいる。他の人なら何ともないことが、感覚過敏の子には耐えられない苦痛なのである。

この感覚過敏は、特別支援が必要な子どもに多いと言われている。

> 不安傾向の強い広汎性発達障がい児は、食べ物にも過敏になりやすい。（中略）味覚や臭覚は原始的感覚（近感覚）という。好き嫌いを担当している原始的な脳、扁桃体が関係している。
> （平山諭『発達障がい児本人の訴え―龍馬くんの6年間―《Ⅱ．逐条解説編》』東京教育技術研究所、四六―四七頁）

特別支援が必要な子どもは、わがままではなく、脳が好き嫌いを決めている可能性が高い。

(二) 偏食の子への対応

感覚過敏をもつ子どもの親に行ったアンケート結果には、次のような記述がある。

「食べ物の好き嫌い」は、特定の食べ物を拒否しているあいだは現れるが、受け入れた時点からは消えていく。なお、これらの感覚については、大人が嫌がる物を無理強いしたり不用意に多くの刺激を与えることによって、拒否反応を固定化する結果になることも多い。
(熊谷高幸『自閉症と感覚過敏――特有な世界はなぜ生まれ、どう支援すべきか?』新曜社、二〇一七年、三一頁)

つまり、最もよくない対応は、「無理矢理食べさせる」ことである。

学校給食では「給食を残さず食べよう」という完食指導がよく行われる。鼻をつまんで食べさせる。教師が口元までおかずを運ぶ。給食時間が終わった後も居残りをさせられたという「過剰な」完食指導も少なくない。

それにより、体調を崩したり不登校になったりする事例も増えている。さらにそれが原因で、人とご飯を食べることができない「会食恐怖症」という精神疾患になるケースもある。

実は、味覚過敏や臭覚過敏は、その味や感覚に慣れたり調理方法を変えたりすることで、一度食べられるようになると、回避行動は減少すると言われている。

そのために、食事の場面では次のような声かけをする。

「苦手な物も一口だけは食べてみよう」

大切なのは、少しずつ味に慣れることであり、苦手だからといって全く食べさせないでいると、その味を経験することがなく、一生食べられないままになることもある。

一口でも食べられたら、「えらいね！」と褒める。

自分が食べられる量だけ食べる

幼稚園でのお弁当や給食、または、学校での給食の時間に、次のように趣意説明をする。

「みんなは一人一人違うよね。体の大きさが違うように、ごはんを食べられる量も一人一人違います。だから『いただきます』の後は、自分が『ごちそうさま』の間に食べられる量だけ食べればいいんですよ」

このように話をすることで、安心して自分にみあった量を食べるようになる。

時間がきた場合は、そこで残させるようにする。

少しずつ時間内で食べられるように調整し、時間内で全部食べられたという成功体験が、食事への抵抗をなくし、自信につながる。

【保護者へアドバイスするときのポイント】

保護者にとって、食に関することは大きな心配事です。「栄養のあるものを食べさせたい」と思い、無理をさせてしまうこともあります。

アドバイスをするときは、「お気持ち、よく分かります」と共感することから始めましょう。その上で、大人になると味覚が変わることなどのエピソードを交え、「今はおおらかな気持ちで〇〇ちゃんを認めてあげましょう」と伝えるようにしましょう。子どもの頃の食事は、栄養を摂取するだけでなく「食べることの楽しみを知るための場」ですので、まずは、一緒に楽しく食事をしてもらえるようにお願いしましょう。

10 登校 小学校に行くことを、何度もしぶる

(一) しぶる原因は何か

登校をしぶる。幼い子なら誰にでもありそうなことだが、これが何度も続くのなら少し心配だ。

まずは、登校をしぶる原因を考える必要がある。

視点は二つある。

①幼い子どもは「不安の塊」である
②何らかの状況を避けようとしている

幼い子どもは、もともと不安を感じやすい存在である。家族と離れることに対しても漠然とした不安を感じることがある。そうした不安感に固執し、朝から大泣きして登校に抵抗するわけだ。

大人には理解できないようなことでも、子どもは大きな不安としてとらえていることがある。これは幼い子どもの特性であって、防ぎようのないものである。子どもなら、誰もが通る道だと言えるだろう。

また「学校を休むことで何らかの状況から逃れられる」ということも考えられる。

では、休んでまで「避けたい」状況とは何か。

まず考えられるのは、

感覚過敏による傷つき体験

である。自閉症スペクトラムの子で、感覚の過敏性をもつ子は多い。学校生活の中の強い刺激に耐えられず、苦しんでいる可能性がある。

例えば、聴覚過敏の場合だとピアノや歌声が鳴り響く時間は苦痛でしかない。嗅覚に過敏性があるなら、様々なにおいが入り混じる給食の時間が苦痛だろう。

感覚過敏が元で、学校が「落ち着かない環境」になっているのだ。

他にも、

苦手な活動を避けたい

という可能性もある。

「うまくできない」「よく分からない」という状況は自尊心が傷つけられる。学校が「自分を傷つける場所」ならば、避けたくなるのも当然のことだ。他にも、日常的なからかいやいじめがあるなど、友達関係がうまくいっていない可能性もある。

また、これらの要素が複雑に絡まり合って、登校しぶりを引き起こしている場合もある。その子の登校しぶりは何に起因しているのか。冷静に、慎重に見極めていく必要がある。

(二) どのように対応するか

登校しぶりが続く場合、その原因を考えた上で次のような対応をするのがよい。

① 漠然とした不安感が原因の場合 → 原則は「連れて行く」
② 何らかの状況を避けようとしている場合 → 「環境調整」をする

漠然とした不安感から「親と離れたくない」状況ならば、基本的には「とにかく連れて行く」という対応をする。泣き叫ぶ我が子を無理に引きずって連れて行くことは、心が痛むかもしれない。

しかし、小児診療科医である小柳憲司氏は次のように述べている。

このような子どもの多くは、とにかく連れて行き、先生にバトンタッチしさえすればピタっと泣き止み、後はなにもなかったかのように学校生活を送って、毎日笑顔で帰って来るのです。
（『学校へ行けない子どもたちへの対応ハンドブック』新興医学出版社、二〇〇九年、四六頁）

笑顔で帰って来るのは、楽しく過ごせている証拠だ。それに、漠然とした不安感は時間が経つにつれて必ず軽減していく。自信をもって、学校に連れて行くとよいだろう。

しかし、小柳氏は次のようにも述べている。

行き渋りが非常に頑固で、学校でも不安が消えずに怯えながら生活し、家に戻っても不機嫌さが続くような場合は、子どもが社会生活自体に大きな不安を抱えている可能性があります。(中略)そのときにはあまり無理をさせず、部分登校などに移行することを考慮します。(同書、四七頁)

この場合、胎児期・乳児期での愛着形成不全から母子分離不全が起こっている可能性も考えられる。いずれにせよ、家庭での子どもの表情や態度をよく観察することが大切だと言えるだろう。

その子のストレスの要因を取り除く、あるいは軽減する「環境調整」が必要な場合もある。

感覚過敏がある場合は、その子が苦手とする刺激から遠ざけることだ。例えば大きな音が苦手ならイヤーマフをして聴覚刺激を軽減させるなど、過敏性に応じた、その子仕様の対応が必要だ。

学校での活動に対して困難さがあるなら、その子に合った課題を設定する必要がある。からかいやいじめを無くすには、大人の介入が必要だ。

そのためにも、まずは「その子が何に困っているか」を把握することが重要である。保護者と連携し、子どもが不安に感じていることを聞き出し、それを温かい態度で受容する。その上で、子どもが安心して登校できる環境を保護者とともに考えていくのがよいだろう。

登校しぶりは、その子から発せられる何らかのメッセージだ。

そのメッセージを見逃すことなく、原因を突き止め、適切な対応を心掛けたい。

【保護者へアドバイスするときのポイント】

保護者には、まずは子どもの話をじっくり聞いてみることをすすめましょう。

保護者自身も不安な気持ちになっているので、「しぶる原因を一緒に考えていきましょう。家庭での心配事かもしれませんし、学校での心配事かもしれません。大事なのは、本人の不安感を取り除くことです。もちろん、我々にもできることがあれば何でもおっしゃってください」と、一緒に解決していく姿勢を示すことが大切です。

第3章

パパ・ママの不安を一発解消！

我が子の入学準備Q＆A

Q.1

コミュニケーション

幼稚園から校区の小学校に入学するのが、我が子だけだということが分かりました。人見知りの我が子にとって、友達がいないのは心配です。どうすればよいでしょうか。

㈠ 保護者対応：保護者を安心させる

保護者にとって、入学時の心配は学習よりまず「友達とうまくやっていけるか」ということである場合が多い。

幼稚園や保育園とは全く違う、また大人数の環境に入っていくということを考えると、知り合いがたくさんいる子であっても不安である。ましてや、同じ園の子がいなくてたった一人で入学するとなると、子ども以上に保護者が心配するのは当然であろう。

保護者の不安は子どもに伝わる。まずは保護者を安心させることが大事である。

① 保護者会や学級通信で全体に話す

「入学すると、いろいろな園から集まった多くの人たちの中で生活することになります。お子さんも保護者の方も不安だと思います。しかし、このように多くの人の中で生活していくことも小学校での大事なお勉強なのです。学校でも十分指導していきますのでお家でも温かく応援していただけたらと思います」

そして、必ず次のようにつけ足すようにする。

「もちろん慣れていく様子は、それぞれのお子さんの性格や状況によっても違います。お一人お一人とご相談しながら進めていきたいと考えています。ご心配や不安なこと、お気づきのことがありましたら、連絡帳やお電話などで、遠慮なさらずにお知らせください」

この一言で、保護者は安心して相談することができる。

②こまめに様子を知らせる

連絡帳などでお知らせがあれば、個人的に対応する。

また、心配事の場合、初めのうちは連絡帳のお返事だけでなく、放課後に電話で直接話す方がよい。連絡帳には多少遠慮しながら書かれる場合も多い。思いの全てを話したり、個人的に話ができると思ったりするだけで、保護者はとても安心する。

特にQ1のように「うちの子は特別心配」と感じている場合は、学校での様子をこまめに連絡するとよい。もちろんすぐに友達ができるわけではないので、友達関係のこと以外でも、できたことやがんばっていることなどを、お知らせするとよい。「先生は気にかけてくれているから安心」と思ってもらえたら、保護者とよい関係を築くことができる。

「人見知り」の程度も分からない。もしかしたら、発達に問題があったり、コミュニケーション障害など、別の要因が隠れていたりする可能性もないとは言えない。「大丈夫ですよ」と安心させるだけではなく、そのような可能性に気づいた際、よい関係ができていれば伝えやすい。

㈡子ども対応：教師が橋渡しをする

①授業の中で交流させる

入学した当初は、子ども同士はまだ繋がりが薄く、お絵描きなどの一人遊びが中心だろう。六年生がペアなどで、お世話してくれることもある。そういう時期は、授業や学校生活の中で交流させ、友達関係を橋渡しする。

算数で隣の子とゲームをさせる。音楽で一緒に歌を歌ったり、身体表現をさせてみる。

そういう子ども同士の触れ合いの機会を設けることで、顔見知りでない友達とも、自然に話すことができるようになる。

向山洋一氏は、入学式の二日目に隣の子の名前を言いにこさせた。

> となりの席の子どもの名前を覚えさせた。覚えたところから二人連れで、私の所に来させ、「となりの人は、〇〇さんです」と言わせた。
> （『教え方のプロ・向山洋一全集4　最初の三日で学級を組織する』明治図書出版、一九九九年、一一九頁）

上手に言えたら、その子を褒めて、次は「好きな食べ物や遊びを教えてもらってごらん」などと言って席に戻すようにする。まずは隣の席の子、そこから数を増やしていくとよい。

自然に任せているだけでは、知っている子どもがいない子は、自分から話しかけることができない。園が違っていても、知り合いがいなくても、どの子も同じように友達づくりのスタートが切れるように教師が仕組んであげることが必要である。

そのための機会を作ったり手助けをしたりすることは、一年生担任の大切な役割であることを意識しておく必要がある。

【保護者へアドバイスするときのポイント】

初めての環境で友達ができるかどうか不安なのは、当然のことです。その気持ちを誠実に受け止め、その上で、新しい環境や友達に慣れていくことも、小学校での大切な勉強であることを話し、あまり神経質にならずに、長い目で見守ってもらえるようにお伝えしましょう。「気になることや心配なことがありましたら、連絡帳などでご連絡ください」とお知らせし、相談できると伝えて安心させてあげることも大切です。

ただ、子どもによって個人差があるので、「絶対に大丈夫です！」「お任せください」と安易に答えてしまうのは、後々、「先生はあのとき大丈夫と言ったのに……」というトラブルに発展する可能性もあります。保護者と相談しながら、「お子様の小学校生活、よいスタートが切れるように、一緒にがんばりましょう」というニュアンスで伝えることを心がけましょう。

Q.2

学校との連携

我が子が発達障害だと診断されました。入学するまでに、小学校に何をどのように伝えればよいですか。小学校との連携の仕方を教えてください。

㈠まずは、こども園や幼稚園、保育所に伝える

まずは、発達障害と診断されたことをこども園や幼稚園、保育所に伝えることがスタートとなる。

各市町村には、教育支援委員会と呼ばれる組織がある。この教育支援委員会に、こども園や幼稚園、保育所から情報が伝えられ、まずは、特別支援学校が適当なのか、特別支援学級が適当なのか、通級指導が適当なのか、通常学級が適当なのかなどが話し合われ、就学先が決定する。

この話し合いは、保護者の意向や、その子の障害の状態、専門家の意見などを元に行われる。

その後、保護者には決定した進学先が伝えられる。時期は、各市町村によって違いはあるが、大体、就学する前年の一一月頃が多いようだ。

㈡面談等が行われる

現在、多くのこども園や幼稚園、保育所には、特別支援教育の担当がおり、小学校でも特別支援コーディネーターと呼ばれる特別支援教育の窓口となる教師が存在する。

この特別支援教育の担当同士が連絡を取り、情報を共有したり、実際にこども園や幼稚園、保育所に子どもの様子を見に行ったりする。

そして、小学校入学に関して、面談等が行われることが多いようである。

㈢ 面談等の際に用意するもの

面談の際には、次の物を用意するとよい。

医療機関等でもらった診断書

まずは、正確な情報を伝えることが大切になる。診断書を渡し、障害名などを伝える。

発達検査の結果

発達検査の結果がある場合は、合わせて渡すようにするとよい。発達検査の結果は、何が得意なのか、何が苦手なのかを理解する手がかりとなる。検査者からのコメントがある場合は、それも合わせて伝えるようにする。

伝えたいことのメモ

メモには、次のようなことを書くとよい。

①生育歴
②子どもが得意なこと
③子どもが苦手なこと
④子どもが好きなこと
⑤子どもが嫌いなこと
⑥文字の読み書きができるか
⑦数が数えられるか
⑧友達関係
⑨小学校で不安なこと

これらのことを伝えることで、入学後に気をつけることや、支援の方針が出される。

小学校では、その子の状態に合わせて、柔軟に対応してくれることが多い。それ以降は、こども園等を通してか、直接小学校とやりとりをしていくことになる。

不安に思うことは、入学前にしっかりと伝えていくことが大切である。

㈣ 小学校入学に向けて

小学校に入学するにあたり、まず気になるのが「入学式」である。

特別支援が必要な子どもの中には、初めての小学校ということで緊張してしまい、入学式でパニックになる子どももいるため、不安なことも多いと思われる。

最近では、発達障害の子どもが安心して入学式に参加できるよう、

入学式の練習

を実施する学校も多い。入学式の見通しをもったり、場所に慣れたりするために、入学式の前日に子どもを呼んで練習をしてくれる。

なかには、実際の一年生の教室を見せてくれる小学校もある。

入学式の練習は、保護者から相談を受けて実施されることが多いため、あらかじめ小学校に相談しておくことが大切になる。

(五) 小学校入学後の流れ

小学校入学後は、保護者からの情報や専門家からのアドバイスを元に、「個別の教育支援計画」が作成され、落ちついた小学校生活を送ることができるように支援が行われる。

また、学校によっては定期的に話し合いが行われ、現在困っていることや、今後の目標について相談できる。

【保護者へアドバイスするときのポイント】

小学校入学に向けて保護者は様々な不安を抱えています。相談があった場合は、まずその不安に寄り添うように、お話をしっかり聞くようにします。

就学のシステムなど、今後の流れが分からず、不安になっている場合は、入学式までの大まかな流れを伝え、見通しがもてるようにするとよいでしょう。

面談で何を話せばよいか分からないことを不安に思っている場合は、質問する項目を事前に伝え、「このようなことを聞きますので、ご準備ください」と具体的に教えることで、安心して面談に臨むことができます。

Q.3

サポートブック

我が子が学校でサポートを受けるために、「サポートブック」というものがあると聞きました。サポートブックとはどのようなもので、どこに相談すれば作ってもらえますか。

(一) サポートブックとは何か

サポートブックとは、学校や施設を利用するときに、その子の個性や特性を知ってもらい、一貫した支援を受けやすくするための個人カルテのようなものである。各種機関でフォーマットを配付しているが、作成するのは保護者自身である。

保護者は、幼稚園入園や小学校入学、学童保育や習い事など、様々な場面で支援者に我が子の特性を伝えたり、このような支援をしてほしいという話し合いをしたりする。いろんな機関で話し合いをするたびに同じ話を繰り返すことがストレスになったり、伝え漏れがあったりするということがあるかもしれない。

必要な情報を担任や担当の職員に漏れなく伝えることができる助けとなるのが、保護者が作成するサポートブックである

サポートブックは、必ず作らなければいけないものではない。話し合いの場で困らないようにするためのツールである。個人情報も多々含まれるので、取扱いには注意しなければならない。

また、「サポートブックです」と言っても伝わらなかった、というケースもある。サポートブックは多くの自治体や団体で作成されているが、統一した名称はない。「サポートシート」「相談支援ファイル　りんくる」「スマイルブック」「つながるノート」など様々である。「サポートブック」で伝わらなかったら、その地域特有の名称がある可能性が高い。

さらに、支援の必要なお子さんの「サポートブック」以外にも、難病の患者さんを支えるサポートブック、日本で生活する外国の方を支えるサポートブックなど、「本人が生活しやすいように支援する」という概念を同じくするサポートブックが数多くあることも覚えておきたい。

(二) どんなことが書かれているのか

様々な様式があるが、一般的に次のようなことを書く欄がある。

①生育歴：母子手帳のように妊娠時～現在までの生育歴を書く。母子手帳をはさめるようになっていて、書く欄がないタイプのものもある
②医療・福祉関係：どの医療機関を通院したことがあるか、また検査・診断や療育を行っている場などを記入する。服薬の記録や所持している手帳の有無を書くこともある
③教育：現在までの所属歴や相談記録を書く
④本人の状態：できること、苦手なこと、つまづきやすいこと、落ちつくこと、サポートのレベルや対応等
⑤緊急時の対応について：癇癪やパニックを回避するその子なりの環境調整の方法や、落ち着くまでの対処方法など、具体的に書く。人的な援助の有無や近所の友だち等

この他にも、就労に関する記録や、節目ごとに写真を貼って成長を振ることができるページなどを加えることもできる。すべての欄を埋めようと考えずに、保護者とお子さんにとって必要な支援を分かりやすく書いていくことが大切である。

㈢ どのように活用されているか

サポートブックには、その子の生育歴や関係機関、緊急時の対応まで、その子にどのように対応すればよいかが具体的に書いてある。

学校の先生は、このサポートブックを読んで、具体的な対応の仕方を考えることになる。逆に、サポートブックがない場合、担任が変わるたびに、自分の子どもの特性や困り感などを一から新担任に伝えなければならない。

サポートブックは、支援の引き継ぎや確認のために活用されている。また、

サポートブックは、成人まで活用することができる

中学校や高校にも、保護者の希望でサポートブックを持ち上がることが可能である。大学受験の際のサポートなども、これがあるとサポートを受けやすい。

㈣ どこに相談すれば作ってもらえるか

自治体やＮＰＯ法人等の団体によって作成されており、様々な様式がある。また、配付状況も異なって

いる。母子手帳と一緒にすべての保護者に配付する自治体もあるが、未作成の自治体もある。

また、ノートタイプ、ファイルタイプなど様式も様々である。保護者が作成したいという意思をもつ場合、よく見比べて、お子さんにふさわしく保護者が書きやすいものを選ぶようにすすめることが大切である。

岡山市の場合は一歳半検診、三歳半検診で支援が必要だと判断されたお子さんに個別に紹介されている。

また、公立の学校や福祉事務所、保健センター等で手渡しで配付しており、市のHPから書式をダウンロードすることもできる。


【引用・参考文献】

加瀬進『平成23年度厚生労働省障害者総合福祉推進事業「サポートブック」の活用に関する調査WEコラボ研究２０１１研究報告書』
岡山市ＨＰ　相談支援ファイル「りんくる」 http://www.city.okayama.jp/hofuku/kodomokikaku/kodomokikaku_00042.html

【保護者へアドバイスするときのポイント】


サポートブックを作成することで、子どもへのサポートが共通理解され、いつでもどこでも同じサポートを受けることができるようになります。相談があったときは、「お子様が学校生活で困らないようにするために、作りませんか？」とアドバイスしましょう。

保護者は、サポートブックを持つことで「不利になるのではないか」と不安をもつかもしれません。前述の内容や持つことのメリットを具体的に伝え、「サポートブックは、子どもが安心して学校に通うために作るもの」であることを伝えることが大切です。

Q.4

合理的配慮

小学校では「合理的配慮」をしてもらえると聞きました。
「合理的配慮」とは何で、
どのようなことをお願いできるのでしょうか。

(一) 「合理的配慮」とは何か？

合理的配慮については、障害者の権利に関する条約「第二条　定義」では次のように定義されている。

> 障害者が他の者と平等にすべての人権及び基本的自由を享有し、又は行使することを確保するための必要かつ適当な変更及び調整であって、特定の場合において必要とされるものであり、かつ、均衡を失した又は過度の負担を課さないものをいう。

合理的配慮を考える四枚のイラストがある。

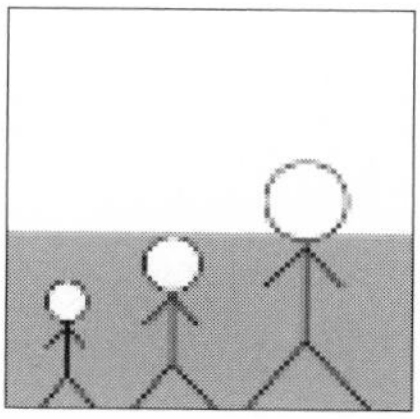
A

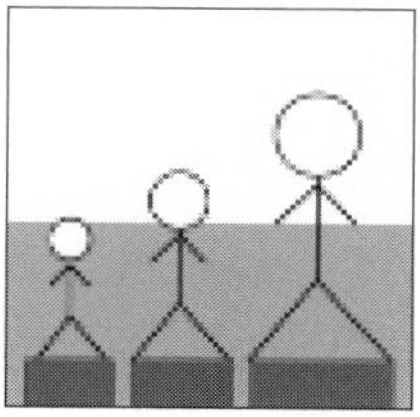
B

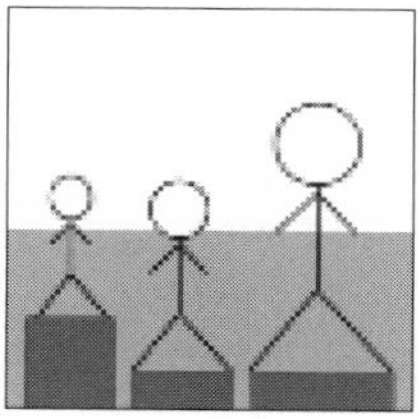
C

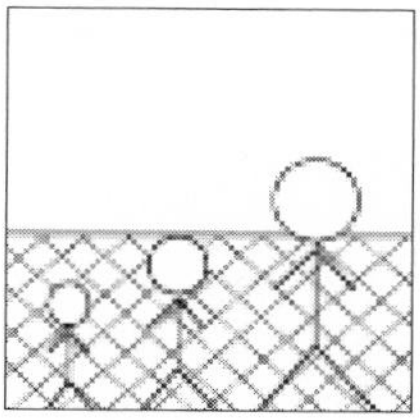
D

四枚とも野球場のイラストである。

Aのイラストでは、一番背の高い子ども以外は野球の試合を観ることができない。これは何も支援が得られていない状態を表している。教室で言えば黒板が見えないのにそのままの状態だ。

Bのイラストは、三人それぞれに同じ木箱が一つ渡されている。こうすることで真ん中の子は試合を観ることができる。しかし、左の子はまだ観えない。

Cのイラストでは、足元に異なる高さの木箱がある。このようにすると全員が試合を観戦することができる。この木箱が「合理的配慮」なのである。背の高い子も木箱を使うことができるし、使わないこともできる。使うかどうかを子どもが選べる。

Dのイラストでは、木箱はないが全員、試合を観戦できている。壁をフェンスに変えたのだ。このように環境を変えることで「合理的配慮」が必要でなくなることもある。

視力が低い子が眼鏡をかけるように、支援の必要な児童には「合理的配慮」をして、学ぶ権利が平等に保障されなければならない。

(二) どんなお願いができるのか？

文部科学省のＨＰ（資料３：合理的配慮について　２．「合理的配慮」の提供として考えられる事項）には次のようにある。

(1) 障害のある児童生徒等に対する教育を小・中学校等で行う場合には、「合理的配慮」として以下のことが考えられる。

(ア)教員、支援員等の確保
(イ)施設・設備の整備
(ウ)個別の教育支援計画や個別の指導計画に対応した柔軟な教育課程の編成や教材等の配慮

具体的には次のような例が挙げられている〈別紙2〉「合理的配慮」の例)。

8．情緒障害
・個別学習や情緒安定のための小部屋等の確保
・対人関係の状態に対する配慮(選択性かん黙や自信喪失などにより人前では話せない場合など)

集団の苦手な児童は、運動会や学習発表会などの行事が苦手である。まずは、その行事に参加するかどうかを選ぶことができる。また、走るのが苦手で走力が低い場合は、リレーなどで距離を短くするなどの配慮をしてもらうことができる。

9．LD、ADHD、自閉症等の発達障害
・個別指導のためのコンピュータ、デジタル教材、小部屋等の確保
・クールダウンするための小部屋等の確保
・口頭による指導だけでなく、板書、メモ等による情報掲示

子どもの困難さに応じて、様々なものを使うことができる。

算数が苦手な児童がいたら電卓を使って計算することも認められる。聴覚過敏で困っているならばイヤーマフを使うことも認められるのだ。

子どもの能力も様々である。

耳からの情報の処理が得意な「聴覚優位」の子や、目からの情報の処理が得意な「視覚優位」の子など様々な子どもがいる。口頭だけでなく、視覚的にも分かりやすくするために、イラストやキーワードを板書するなどの対応が考えられる。

就学相談・就学先決定の在り方について、文部科学省は次のように述べている〈共生社会の形成に向けたインクルーシブ教育システム構築のための特別支援教育の推進〈報告〉〉。

また、本人・保護者と市町村教育委員会、学校等が、教育的ニーズと必要な支援について合意形成を図っていくことが重要である。

合理的配慮は、障害をもつ人に認められた権利である。裏を返せば、学校側には合理的配慮をする義務がある。

自分の子どもは、何が得意で何が苦手なのかを子ども自身や保護者が把握し理解するとともに、学校側にも伝え、理解してもらうことが必要だ。

その上で、子どもの困難さを取り除き、安定した学校生活が送れるよう、学校側と協力し合ってサポートしていきたい。

Q.4

合理的配慮

小学校では「合理的配慮」をしてもらえると聞きました。「合理的配慮」とは何で、どのようなことをお願いできるのでしょうか。

【保護者へアドバイスするときのポイント】

担任に理解してもらえなくても、担任vs保護者の関係になってはいけません。一番困るのはお子さんです。学年主任や特別支援コーディネーターなど担任以外にも話をする機会を作ってもらえるようにお願いしましょう。

また、病院の診断書や本などを活用し、お願いするのも効果的です。

Q.5 我が子への関わり方①

我が子を見ているとカーッとなり、つい叱ってばかりになってしまいます。子どもが安心する関わり方のポイントを教えてください。

(一) 安心するために必要な神経伝達物質

安心しているとき、脳内ではセロトニンが分泌されていることが分かっている。「セロトニン」とは脳内で働く神経伝達物質の一つで、感情や気分のコントロール精神の安定に深く関わっている。

では、セロトニンの分泌を促すためにどのような関わり方をするべきなのだろうか。

平山諭氏はセロトニンの分泌を促すためにセロトニン5を提唱した。

> セロトニン5とは、セロトニンを分泌させるために使う5つのスキルである。癒し感・安心感が増え行動は社交的になる。
> （『満足脳を作るスキルブック——対話スキルですべての子どもが元気になる！』ほおずき書籍、二〇一三年、三一頁）

次にあげる五つのスキルを実践することでセロトニンの分泌を促す。

①見つめる
②ほほえむ
③話しかける
④褒める
⑤触れる

(二) セロトニンの分泌を促すセロトニン5

①見つめる

優しく見つめることがポイントである。優しい目元で見つめることで、子どもに安心感を与えることができる。

②ほほえむ

見つめることと合わせて用いることが望ましいほほえむことは相手だけでなく自分にとってもよい。

> 楽しいから笑顔を作るというより、笑顔を作ると楽しくなるという逆因果が私たちの脳にはあることがわかります。
>
> (池谷裕二『脳には妙なクセがある』扶桑社新書、二〇一三年、一三一頁)

笑顔は相手に安心感を与えるだけでなく、笑顔になった本人も楽しい気持ちになるのだ。

③話しかける

言葉はコミュニケーションの基本である。「なにやってるの」「まだできてないの」など否定の言葉ばかりにならないように注意する。「大丈夫だよ」「分かるよ」「そうだね」など肯定する言葉で話しかけたい。

④褒める

何を褒めていいのか分からない……と悩んでいる保護者もいる。大きな成果をすすめようとすると難しい。平山諭氏は前掲書『満足脳を作るスキルブック』で、期待して褒めることをすすめている。「賢い人はできるよ」「やってほしいな」など、期待を言葉で伝えることによって子どもの動機を高めることができる。

また、杉山登志郎氏は褒めるポイントを二つあげている。

> 叱る回数と褒める回数を比較した時に、褒める方を多くなるようにすることがポイントです。そして、もう一つのポイントは、子どものやる気が出るように褒め方の工夫をすること。
> （『子育てで一番大切なこと――愛着形成と発達障害』講談社現代新書、二〇一八年、一五八頁）

トークン・エコノミーなどを活用して工夫して褒めることで、子どもの自己肯定感を高めることができる。

⑤触れる

子育てに、スキンシップは欠かせない。東邦大学の有田秀穂名誉教授が、国際生命情報科学会誌で以下の研究結果を発表している。

> 本研究では各種のセラピーによってセロトニン神経の活性化を検討した。その結果、眼球のリズミカルな運動と、顔面および背部のリズミカルなマッサージがセロトニン神経の活性化に有効であることを見出した。なお、マッサージは脳内オキシトシン分泌を促す効果が知られているので、オキシト

シン受容体を持つセロトニン神経が二次的に活性化されたものと推察した。
（https://www.jstage.jst.go.jp/article/islis/34/1/34_73/_article/-char/ja/）

顔や背中をリズミカルにマッサージすることでセロトニンの分泌が促されるのだ。スキンシップが子どもの安心につながる。

【保護者へアドバイスするときのポイント】

「叱ってばかりいることがよくないことは分かっているが、どうしたらいいのか分からない」と保護者は不安に思っているかもしれません。まずは「お母さん、がんばっておられますね」と保護者ががんばっていることを労いましょう。そして、「自分の子どもになると、ついつい叱ってしまいますよね」と、保護者の気持ちに共感すると、話を聞いてもらいやすい雰囲気になります。

セロトニン5を出す対応は家庭でもできるので、具体的なやり方を伝え、やってもらえるように話すとよいでしょう。

Q.6 我が子への関わり方②

「発達障害の子は叱ってはいけない」と聞いたことがあります。
でも、叱らなければいけないこともあると思います。
発達障害の子は叱ってはいけないのでしょうか。
もし叱ってもよいとすれば、どのような場面ですか。

一 発達障害の子は叱ってはいけないのか

子どもが決まりを破ったりいけないことをしたときに、つい叱ってしまうことがある。

しかし発達障害の子どもは、叱られてもなぜ叱られたか理解できない場合がある。怒った口調で言われると混乱し、結果的によい行動に結びつかない。特に、次のことはＮＧである。

大きな声で叱りつける

なぜ言われているのか言葉の意味が分からない子どももいる。そのため叱られたことだけが記憶に残る。特に自閉傾向がある子どもは、大きな声で叱りつけられた嫌な記憶が残りやすく、反発や自己肯定感の低下につながる。

二次障害は、本人の特性に対する周囲の無理解や、配慮のないような環境が続くと生じやすいことが知られています。

（本田秀夫『自閉スペクトラム症の理解と支援――子どもから大人までの発達障害の臨床経験から』星和書店、二〇一七年、七九頁）

二次障害をもたらす環境的要因は次のようなものである。

幼い子どもに二次障害をもたらすほどの環境要因とは、身体的虐待、ネグレクト、あるいは心理的虐待などの各種の児童虐待、あるいはそれに準ずる体罰を含む激しい叱責やあまり頻回な叱責などを受け続ける逆境的体験のことである。

（齋藤万比古『発達障害が引き起こす二次障害へのケアとサポート』学習研究社、二〇〇九年、四二頁）

(二) 叱る際にはどうすればよいのか

叱る際には、子どもの特性に合わせた叱り方をしなければならない。先に述べたように、なぜ叱られたか分からず、嫌な感情だけが残ってしまうのでは、結果的に行動も改善しない。

自閉症スペクトラムには、

視覚情報は理解しやすい

という特徴がある。想像することを苦手とするため、何か行動を改善させる際、視覚的に示せるような工夫をすることが考えられる。例えば、するべき行動や禁止すべき行動が分かりやすいイラストで描かれた「パッと行動支援 絵カード」が教育技術研究所（https://www.tiotoss.jp/products/detail.php?product_id=2893）から販売されている。このカードを使うことも一つの方法である。

具体的な表現は理解しやすい

例えば、おもちゃを貸してほしくて友達を叩いた場合、「だめ！」と漠然と叱るのではなく、「貸してねと言うんだよ」と代わりとなる行動を教える。うまくいったら褒めて、やりとりができるようにする。

㈢ 叱る場面を減らすには

物を投げつける、暴言、じっとしないなど、問題行動のほとんどは、特性が周囲にうまく理解されない、適切な支援が受けられないなどストレスが強い環境の中で現れている。

目に見えない原因で問題行動が現れていることもある。例えばパニックを起こす原因としてうまく要求を伝えられない、嫌だと言えないこと等が考えられる。

パニックなどの行動のみに目を向けるのではなく、なぜパニックを起こしたのかという問題の背景を探り、その解決を図らなければ子どもは何度もパニックを起こしてしまう。

適切な支援をすることで問題行動を予防し、叱らなければならない場面を無くすことができる。そのためにも、その子の特性をしっかりと把握する必要がある。

㈣ 叱る場面とは

発達障害の子は叱ってはいけないのではない。その子に合わせた伝え方が大切である。

危険な行動については、大きな声でストップをかけることも必要な場合がありますが、行動が止まったら大きな声は必要ありません。落ち着いたところで適切な行動の取り方について本人と確認し合います。
（原仁『新版 子どもの発達障害事典』合同出版、二〇一九年、四四頁）

叱って行動を修正できるのは適切な行動を理解できているときに限るのである。できない場合は叱ることで行動を改善させるのではなく、適切な行動がとれるように実際に行動させていくことが大切である。

【保護者へアドバイスするときのポイント】

保護者は、我が子のことになると感情的になります。ちょっとした問題行動が現れただけでも、つい大きな声で怒鳴ってしまったりします。

保護者が怒鳴ることを防ぐために、「叱ってはいけないのか」という相談を受けたときは、まず「大きな声を出して叱っても、あまり効果はないです」と、前に示した具体的な内容をお伝えするようにしましょう。そして、絵カードなど視覚情報を使って、大きな声を出さなくても叱ることができる方法を、具体的に伝えることが大切です。「〇〇ちゃんがやったことはいいことかな」や「このとき、どうすればよかったのかな」と子どもに聞き、分からないときは教えてあげるようにすれば、行動が改善する場合もあることを伝えるのもよいでしょう。

Q.7

発達の差

未熟児として誕生しました。発達は追いつくものですか。

(一) 未熟児の定義

未熟児は、母子保健法第六条で、次のように定義されている。

この法律において「未熟児」とは、身体の発育が未熟のまま出生した乳児であって、正常児が出生時に有する諸機能を得るに至るまでの者をいう。

とされている。

諸機能を得るに至るまでの者とは、「母子保健法に基づく養育医療の給付等に関する規則」によると、次のようになっている。

(1) 出生時の体重が二〇〇〇グラム以下の者
(2) 生活力が特に薄弱であって次に掲げるいずれかの症状を示す者
　ア　一般状態
　　(ア) 運動不安、痙攣のある者

（イ）運動が異常に少ない者
（ウ）体温が摂氏34度以下の者
イ　呼吸器、循環器系
（ア）強度のチアノーゼが持続する者又はチアノーゼ発作を繰り返す者
（イ）呼吸数が毎分50を超えて増加の傾向にあるか又は毎分30以下の者
（ウ）出血傾向の強い者
ウ　消化器系
（ア）生後24時間以上排便のない者
（イ）生後48時間以上おう吐が持続している者
（ウ）血性吐物、血性便のある者
エ　黄疸
生後数時間以内に現れるか、異常に強い黄疸のある者

一方、世界保健機構（WHO）では、かつて出生体重二五〇〇グラム未満の児を未熟児と呼んでいたが、現在では低出生体重児と呼んでいる。

仁志田博司『新生児学入門　第5版』（医学書院、二〇一八年）によると、

未熟児
胎外生活に適応するのに十分な成熟度に達していない未熟徴候を備えた児を意味し、定義というより

も臨床的な表現である。

とされている。つまり未熟児という言葉は医学的には使われておらず、慣用語と言える。ここでは、低出生体重児を未熟児として定義し、述べていく。

㈡ 未熟児（低出生体重児 ＬＢＷ児）の定義と発達

低出生体重児で誕生すると、どのような問題が生じるのかを教師は知っておく必要がある。例えば、次のようなことである。

【運動面】

①運動機能障害を合併する割合が高い。
②微細運動を苦手とする児が多いと言われている。

【学齢期の予後】

①障害合併頻度が高いため、特別支援教育を必要とする頻度が高い。
②また明らかな診断結果がなくとも入学後に、学習障害や注意欠陥多動性障害（ＡＤＨＤ）などの軽度発達障害の頻度が高い。

㈢ 未熟児の発達は追いつくのか

未熟児の発達については決定的な研究報告は出ていない。
先に述べたように、未熟児といっても様々な種類がありひとくくりに決めることはできない。「スモールベイビー.com」によると、身長・体重・発達については、次の段階で追いつくと言われている。

①出生体重が一五〇〇グラム以上の早産児　→　一歳頃まで
②出生体重が一二五〇〜一五〇〇グラムの早産児　→　二歳頃まで

つまり、就学前の五〜六歳には、ほとんどの低出生体重児は他の子と変わらないところまで成長する。しかし、運動面や学齢期に起こる問題については、他の児童に比べて気になる程度に追いついていないところがあるので、保護者への説明には注意が必要だ。

(四) 保護者への説明の仕方

保護者から相談があった場合、安心させる言葉を安易にかけることは望ましくない。発達の問題に関する相談や、日常生活に関する相談などは、管理職や特別支援コーディネーター等と話し合い、慎重に答える必要がある。

【引用・参考文献】

「周産期母子医療センターネットワークデータベース解析報告」http://plaza.umin.ac.jp/nrndata/
仁志田博司編『新生児学入門』第五版、医学書院、二〇一八年
伊藤健次編『新・障害のある子どもの保育』第三版、みらい、二〇一六年
佐藤拓代『低出生体重児 保健指導マニュアル』大阪府立保健総合センター

【保護者へアドバイスするときのポイント】

他の子と比べて発達についてが心配だというのは当然のことです。まずは保護者の話をしっかりと聞き、保護者の不安に共感するようにしましょう。

保護者と信頼関係を築きながら幼保時代の様子や、子どもと家族がどのような養育上の問題を抱えているのか、支援を必要としているのかを把握することが必要となります。

また未熟児は発達障害のリスクが高い傾向にあります。そのため、子どもに気になる兆候がある場合には、必要に応じて適切な機関につないだり、複数の関係機関の橋渡しをするなど、コーディネート的役割を果たすことが必要です。

本節の最後でも述べたように、子どもの発達は様々で明確な予後の研究結果も出ていないため、安易に安心させる言葉をかけるのではなく、問題点や心配な点をアセスメントし、サポートしていくことが大切です。

Q.8

単なるやんちゃ？　それとも……

我が子の問題行動が発達障害だからなのか、単にやんちゃだからなのか分かりません。発達障害かどうかを見分けるには、どのような行動を見ればよいですか。

(一) 発達障害かどうかを見分けるには

「いつも走り回っている」という特徴を幼稚園や保育園では「やんちゃな子」として見守ってくれることもある。

しかし、それが小学校の授業中だったらどうだろうか。

問題のある子とされてしまうだろう。

このように問題が表面化するのは小学校に入学してじっとしている場面や集団行動の場面が多い。単にやんちゃなのか発達障害だからなのかの判断の基準は、次のような場面である。

> ここで問題となる「落ち着きのなさ」は、状況や場面に応じて行動統制することができず、絶えず不自然な過度なうごきがあったり、園の集団場面で勝手な動きをする場合である。
>
> （伊藤健次編『新・障害のある子どもの保育』第三版、みらい、二〇一六年、一〇五頁）

このことに焦点をあて、どのような行動に着目すればいいのか見分ける具体的ポイントについて述べる。

(二) 発達障害の種類と特徴

発達障害には、発達に関するいくつかのタイプの障害がある。発達障害の中には自閉症スペクトラム、注意欠如・多動症（ADHD）、学習障害（LD）、チック障害、吃音（症）などが含まれる。

一人が複数のタイプの発達障害があることも珍しくない。そのため、同じ障害がある子どもでもまったく特性が違う場合が多い。発達障害の幾つかの特徴と種類を表にした左の表を参照してほしい

障害名	概要	よく見られる行動
学習障害（LD）	知的な遅れはないが、聞く、話す、読む、書く、計算する、推論する能力のうちどれか、または複数の困難さを示す。	●読むことが遅い ●読み間違いが多い ●鏡文字を書く ●漢字が覚えられない ●黒板の字を写すことができない ●計算が苦手
自閉症スペクトラム（ASD）	社会性と想像力の発達に偏りがある。「社会的なやり取りの障害」「言葉の障害」「こだわり行動」という3つの特性を持っている	●人と目を合わせない ●相手や状況に合わせた行動が苦手 ●言われた言葉をそのまま繰り返す ●たとえ話を理解するのが苦手 ●決まった順序や道順にこだわる ●急に予定が変わるとパニックになる
注意欠陥多動性障害（ADHD）	注意の持続時間が短いのが特徴。年齢に不相応な過剰な活動性や衝動的な行動をすることがある。	●不注意な間違いをする ●集中を持続することが困難 ●指示に従えず、物事をやり遂げることができない ●じっとしていられない ●必要な物をなくしてしまう ●すぐ気が散る

(三) 行動を見るポイント

(二)で発達障害の特徴を押さえた。具体的にQにある「やんちゃな子」はADHDの可能性が考えられる。

例えば次のような行動が幾つか見られた場合はADHDを疑ってよいかもしれない。

運動面では次のような行動が見られる。

場面	運動面	授業などの学習場面	人とのコミュニケーション
よく見られる行動や特徴	●席に座っていられない ●教室内を自由に動き回る ●出し抜けに発言をする	●集中力が続かない ●机やランドセルの中が乱雑 ●注意散漫で忘れ物が多い	●周囲に興味がない ●ルールが守れない ●話を聞いていないように見える ●好きなようにしゃべってしまう

㈣ 背景にも目を向ける

先に述べたＡＤＨＤの特徴に当てはまるからといって、ただちにＡＤＨＤと結論づけることは避けたい。「落ち着きがない」「やんちゃすぎる」ということだけに目を向けるのではなく、その行動の背景にも目を向けて原因を探っていくことも大切である。

例えば、前掲書『新・障害のある子どもの保育』によると、家庭で厳しく躾けられると子どもは常に緊張状態に陥り、ストレスによって落ち着きのない行動をしてしまう場合もある。

しかし原因を見つけることは容易ではない。

専門機関や専門家への相談や依頼も視野に入れる必要がある。

【保護者へアドバイスするときのポイント】

保護者から相談を受けた場合は、まずは保護者の話をしっかりと聞きましょう。必要に応じて相談機関を紹介することが考えられます。

本節の質問は、「ただのやんちゃなのか発達障害なのか」悩んでいる事例であるため、保護者との信頼関係をしっかり築いた上で、専門機関に紹介することが望ましいです。

診断の結果、障害がなければ安心でき、障害が見つかっても早めに対応することができます。このようなメリットも同時に説明すると保護者も安心できるでしょう。

反対に、保護者が子どもの行動に対してまったく心配していない場合、電話等でがんばっていることをたくさん伝えつつ、本人が困っていることを少しずつ伝えるなどの工夫が必要です。

Q.9

もしかしたら……発達障害？

我が子が「もしかしたら発達障害かも……」と思っています。
このような場合、どこに相談すればよいですか。

(一) 早期発見、早期療育

見た目では分かりにくい発達障害の場合、障害とは認識されにくく何の支援も受けないまま成長してしまうケースがある。

見た目から課題が分かりにくいため、「反抗的」「落ち着かない」「怠けている」などの誤解を受けやすくなり、無理を強いられ続けることになる。

その結果、不適応を起こしたり、自信をなくしたり、不登校になってしまうことがある。

また周囲に理解されない対応によって非行に走ったり、引きこもり・不登校になったりしまうケースがある。このような行動は、障害から発生したのではなく、周囲に特性が理解されなかったこと、無理を強いられたことなどによって生じることから「二次障害」と呼ばれる。

しかし早い時期から支援を受けることで成長が変わってくる。

診断を受けることはレッテルを貼るのではなく、特性を知ることで行動を理解する手がかりを得ることである。

発達障害は一つの特性であり強みとなることもあるが、社会不適応の原因になる場合もある。

特性を知ることで子どもに合った対応や指導方法を考えることができる。

(二) 特別支援教育コーディネーター

「もしかしたら発達障害かも……」と思ったら、幼稚園、保育園であれば担当教員や保育士、小学校ならば特別支援教育コーディネーターへの相談が可能である。

「特別支援教育コーディネーター」については文部科学省のホームページに以下の記述がある。

具体的な役割として、小・中学校の特別支援教育コーディネーターは、
(1)学校内の関係者や関係機関との連絡・調整。
(2)保護者に対する学校の窓口として機能することが期待される。

特別支援教育コーディネーターに相談することで、アドバイスをもらったり、専門機関を紹介してもらったりすることができる。

(三) 発達障害者支援センター

近くに相談する相手がいない場合は、発達障害者への支援を行うことを目的とした発達障害者支援センター（地域によって名称が異なる場合もある）に相談する方法がある。

発達障害者支援センターとは次のような機関である。

発達障害児（者）とその家族が豊かな地域生活を送れるように、保健、医療、福祉、教育、労働などの関係機関と連携し、地域における総合的な支援ネットワークを構築しながら、発達障害児（者）

とその家族からのさまざまな相談に応じ、指導と助言を行っています。（発達障害情報・支援センターHP）

業務の一つとして相談支援があり、必要に応じて病院などの関係機関への紹介も行っている。また家庭への療育方法や特性に応じたアドバイスもしてもらえる。各自治体に設置してあるため、利用が可能である。

発達障害者支援センター一覧（発達障害情報・支援センターホームページ）
http://www.rehab.go.jp/ddis/相談窓口の情報/

㈣ 就学相談

障害が原因で今後の教育が心配な保護者のために就学相談がある。各自治体で手続きは違うが、教育委員会の就学相談窓口に直接連絡することが多い。

東京都北区を例に取ると次のような流れである。

1 相談申込み
2 受理面接・行動観察（相談員・臨床心理士が保護者から話を聞く）
3 発達検査
4 一斉相談
5 見学・体験

6　就学支援委員会
7　判断の結果通知・就学先の決定
（東京都北区HPより）

㈤ 専門家をたずねる

「もしかしたら発達障害かも」と思い、子どもに診断を受けさせたい場合、専門医のいる機関をたずねる。具体的には、大学病院や療育センター・発達障害者支援センター・児童相談所に付属するクリニック・発達障害の診療が可能な開業医のクリニックなどがある。

次のHPで、近くの専門医を探すことができる。

小児神経専門医のいる施設ー一般社団法人 日本小児神経学会 https://www.childneuro.jp/modules/general/index.php?content_id=3

先にも述べたように、発達障害は早く見つけて早く対応を開始することが重要であり、「何でもいいから診断をつけてもらう」ということではない。

大切なのは、次のことだ。

お母さんや担任の先生が一人で抱え込むのではなく、できるだけ早く、発達の専門家に介入してもらい、我が子の脳が成長するための協力体制を作ることが大切。

（加藤俊徳『発達障害の子どもを伸ばす 脳番地トレーニング』秀和システム、二〇一七年、七八頁）

子どもに対する不適切な対応が繰り返されると子どもの不安定さは増し、不適応行動がさらに目立ってしまう。その結果、子どもとの関係だけでなく家族間の人間関係も悪化してしまう。

診断は、様々な悩みに支援のヒントを与えてくれるものでもある。


【保護者へアドバイスするときのポイント】

保護者から専門機関への受診の仕方や子どもの発達について相談を受けたら、相談先の専門機関の情報を詳しく伝えることができるように準備しておきましょう。

専門機関につなげるには、まず子どもの様子を保護者に合わせて根気強く伝えることが大切です。

Q.10

発達障害のことを知るには？

我が子の発達に不安がありますが、他の人に相談することができません。読んで参考になる本を教えてほしいです。

発達障害に関する知識を分類すると次のようになる。

1. 発達障害に関すること
2. 発達障害の指導、支援に関すること
3. 発達障害をとりまく社会に関すること

(一) 発達障害自体に関する知識

発達障害にはどのような種類があるのか、どのような特徴があるのかについての知識が得られる入門書的な本を紹介する。

小野隆行編『特別支援教育　重要用語の基礎知識』学芸みらい社、二〇一八年

題名にあるように特別支援教育に関する用語解説の本である。一つの項目に対して一ページで解説してある。例えば「自閉症スペクトラム障害（ASD）」に関する項目については、次のようにまとめられている。

①特徴的に表れるところ
②教室で見られる症状・症例
③支援の方法
④早期発見のポイント
⑤医療につなげる観察記録の条件
⑥教室でやってはいけない対応
⑦保護者への対応のポイント
⑧相談窓口

（同書、七六頁）

ほぼ全ての項目に参考文献やＨＰなども記載されており、この辞典をもとにさらに知識を深められるようになっている。手元に一冊おいておきたい本である。

㈡発達障害の指導・支援に関する知識

発達障害の子にどのような支援ができるのか、具体的に書かれている本を紹介する。

加藤俊徳『発達障害の子どもを伸ばす　脳番地トレーニング』秀和システム、二〇一七年

発達障害の子どもの脳を育てるために、これからどのように支援をしたらいいかについて書かれている。著者は同書について、

この本は、「これからの脳科学的な見通し」を与える本です。（中略）我が子の脳に根拠のある科学的な見通しが持てれば、不必要な心配やストレスから解放されます。（同書、三頁）

としている。

著者は、脳を役割ごとに八つに分類し、その分類したところを「脳番地」と呼んでおり、その脳番地を育てる方法を細かく書いている。環境づくりや子どもへの接し方など、すぐに実践できそうなこともたくさん紹介されている。絵も多く入っていて、イメージがしやすい。

㈢ 発達障害をとりまく環境・社会に関する知識

子どもが直面する就学、就労、親が亡き後の将来に至るまで、発達障害の子に限らず不安はつきものである。特に発達障害の子では、それぞれのステージでどのようなサポートやサービスが得られるのか不安になる。その不安を和らげるために、小学校教員は保育・就学に関する知識や困ったときにどこに相談すべきか等、相談機関の知識をもっておくことが大切になる。そのための知識が得られる本を紹介する。

岡田俊『発達障害のある子と家族のためのサポートBOOK　幼児編』ナツメ社、二〇一二年
同『発達障害のある子と家族のためのサポートBOOK　小学生編』ナツメ社、二〇一二年

前半には、家庭でできる具体的なサポートの方法が書かれている。後半には、公的に受けられるサービスや各都道府県の相談期間のリストや心療内科の情報が記載されている。発達障害のある子どもの教育や

接し方についての記述が充実している。

渡部伸監修『障害のある子が将来にわたって受けられるサービスのすべて』自由国民社、二〇一九年

同書には、子どもから大人になったときまで受けることができるサービスについて、章ごとにまとめられている。

例えば、学齢期であれば特別支援学校と地域の小中学校との違いについてなど。働くことであれば就労相談について、就職に不安があるときに相談できる窓口などの解説がある。また、障害者手帳によるサービスの種類と受け方や医療サービスの概要にも触れられている。タイトルの通り、将来にわたって受けられるサービスについて解説されている。

以上、幾つかの書籍を紹介してきたが、発達障害に関する本は無数にある。情報に振り回されず、子どもの発達に向き合うことが大切である。

そして一人で悩まずに身近な相談機関や専門家に相談することも必要である。

【保護者へアドバイスするときのポイント】

まずは保護者の話をしっかりと聞きましょう。その不安に合う本を紹介するのがよいでしょう。また教師自身も様々な本を読んでおいて内容を紹介できると、保護者からの信頼感を得ることができます。

本で得られる知識にも限界があるため、保護者の不安に合わせて相談機関やコーディネーターを紹介することも視野に入れるとよいでしょう。

あとがき

特別支援学級を担任したときの忘れられないエピソードがある。
自閉症の子に、その行為はダメだと分からせるために、私は怖い顔をして指導をした。
しかし、その子は一向に反省する様子もなく、ヘラヘラと笑って聞いていた。
そこで私は、「先生は怒っているんですよ」と言葉を発した。
その時に、その子は私に向かってこう言ったのである。

「先生、怒ってるの?」

そのとき、この子は私の表情から感情を読み取ることができないのだ、ということが分かった。
そこで、表情をいくつか見せて、「これは怒っている顔」「これはうれしい顔」というように、
その場で教えていった。

そして、次から指導するときには、私の表情を見せて、「今の先生はどんな気持ちなのか」を読み取る練習をさせていった。

その子は、少しずつ理解できるようになっていった。

今から二〇年近く前のエピソードである。

そこから二〇年たった今も、日本の学校には感情を教えるこうしたトレーニングはほとんど存在しない。少なくとも、学校や幼稚園でプログラムとして教えているところはほとんどないだろう。

一方、アメリカでは、このことが当然のように教えられていた。系統立ったプログラムとして存在するのである。

私が目にしたのは、感情の種類を四つにわける方法であった。

まず、感情にはどんな種類があって、それがどんな表情なのかを学んでいく。

いつから学び始めるかというと、幼稚園からである。

その上で、自分が今、どんな感情なのかをメタ認知する学習を進めていく。

自分の名前が書かれたマグネットやクリップを、その感情の種類の場所に貼っておく。そして学習や生活の中で自分の感情が変化したら、その感情の場所にマグネットやクリップを移動させていく。

さらに、自分の感情を学習や生活に最適の状態に戻すやり方も学んでいく。

このように感情の種類から教えていくのは驚きだった。

日本では、私のように個々で教えている。アメリカでは、プログラムとして教えている。

どちらが効果があるかは、明らかである。

しかもこのエピソードには、重要な点がもう一つ、含まれている

自閉症の子だけでなく、全員の子が学ぶ

表情や感情の理解は、コミュニケーションスキルの基礎なのだから、自閉症の子だけが学ぶのではなく、全員が学ぶ方がよいに決まっている。

アメリカ視察に行くようになって、アメリカはここまで進んでいるのかと驚愕するとともに、日本の教育現場の現状に強い不安を覚えるようになった。

もちろん、日本の伝統的な子育てや教育方法には素晴らしいものがたくさんある。

しかしその一方で、科学的な根拠をもった指導も取り入れていく必要があるだろう。

日本の書店の棚やインターネットを見るたびに、子育てに関しての不安をあおるような情報がなんと多いことかと驚かされる。

科学的な根拠のある指導が明らかになれば、ちまたにあふれているマイナスの情報に振り回されることがなくなるだろう。

そこで本書では、科学的な研究が明らかにした発達の理論に基づき、幼児期から小学校入学の段階に焦点をあてて、望ましい指導法を紹介することにした。

執筆にあたっては多くの本や論文を参考にさせていただいた。全てを紹介するわけにはいかな

いが、できるだけ多くの引用元の資料をあげたつもりである。

かつて『家庭教育ツーウェイ』という雑誌が発刊されていた。ＴＯＳＳ代表の向山洋一氏が企画し、師尾喜代子氏が編集長を務めた家庭教育向け雑誌であった。

本書は、その雑誌から着想を得て幼児期・小学校入学時に焦点をあてて執筆したものである。向山氏、師尾氏にこの場を借りて感謝を申し上げたい。

また、企画の初めから、繰り返しアイデアを示していただいた学芸みらい社の小島直人氏に心から感謝申し上げたい。

本書は、当初は一冊の形を考えていた。しかし資料にあたり、執筆を進め、できあがった原稿の検討を重ねるなかで盛り込みたい内容が増えていき、生活習慣に重きを置く本書と、もう一冊の「学習支援編」の、読み応えのある二巻となった。

この二冊が、子どもを取り巻く多くの方々のお役に立てるなら幸いである。

小野隆行

執筆協力者 一覧

【チーフ】堀田和秀　兵庫県洲本市立洲本第一小学校

片山陽介　岡山県倉敷市立大高小学校

犬飼祐子　岡山県岡山市立福浜小学校

畦田真介　岡山県高梁市立高梁小学校

大濱和加子　兵庫県洲本市立都志小学校

小野敦子　岡山県岡山市立伊島小学校

熊瀬功督　岡山県美作市立美作中学校

三枝亜矢子　兵庫県伊丹市立南小学校

津田泰至　兵庫県淡路市立大町小学校

出相洸一　岡山県立津山工業高等学校

戸川雅人　岡山県岡山市立福浜小学校

原田はるか　兵庫県南あわじ市立榎列小学校

堀田知恵　兵庫県洲本市立加茂小学校

吉田真弓　岡山県岡山市立加茂小学校

小《しょう》学《がつ》校《こう》生《せい》活《かつ》スタートダッシュ［学《がつ》校《こう》生《せい》活《かつ》編《へん》］
「学《がつ》校《こう》が好《す》きな子《こ》」をつくる
保《ほ》護《ご》者《しや》の「不《ふ》安《あん》」に完《かん》全《ぜん》対《たい》応《おう》！

2020年4月5日　初版発行

編著者　小野《おの》隆行《たかゆき》
発行者　小島直人
発行所　株式会社 学芸みらい社
〒162-0833 東京都新宿区箪笥町31 箪笥町SKビル3F
電話番号：03-5227-1266
FAX番号：03-5227-1267
HP：http://www.gakugeimirai.jp/
E-mail：info@gakugeimirai.jp
印刷所・製本所　藤原印刷株式会社
ブックデザイン　吉久隆志・古川美佐（エディプレッション）
本文イラスト　げんゆうてん（pp.48, 55, 61）

ISBN978-4-909783-45-5 C3037

学芸みらい社の好評既刊

日本全国の書店や、アマゾン他のネット書店で注文・購入できます！

大好評シリーズ！ 小野隆行（岡山市立西小学校勤務／日本の特別支援教育を牽引する若手リーダー）

「トラブルをドラマに変えてゆく教師の仕事術」

向山洋一氏（日本教育技術学会会長／TOSS代表）、推薦！
「特別支援教育で、日本で最も優れた実践をまとめた書。
小野先生の指導は生徒へのラブレター。これこそ教師の仕事だ！」

褒められる場面を積極的に作りだし、努力は報われることを教える。脳科学にもとづく適切な指導と対応により、発達障害の子どもたちも、その周りの子どもたちも一緒に変わっていく——。話題のシリーズ5点！

通常学級のなかでどのように発達障害の子を伸ばすか。同時に、発達障害の子だけではなく、周りの子をどう指導していくか——。10年を超える研究成果をまとめた実践の書。シリーズ第1弾。

978-4-905374-46-6　C3037
発達障がいの子がいるから素晴らしいクラスができる！
A5 判並製　232 ページ

5刷

その指導のどこが足りないのか？　間違えたことをした時の謝り方、給食の片づけ方、掃除の工夫、等々。「ここ」を押さえると子どもは変わる——という指導のポイントを伝える。シリーズ第2弾。

978-4-908637-26-1　C3037
特別支援教育が変わるもう一歩の詰め
A5 判並製　176 ページ

2刷

なぜ教室が荒れるのか？　全員がそろうまで待たない。怒鳴ると子どもの脳に異変が起こる、等々——。荒れ、トラブル、いじめにフォーカスし、規律ある学級を作るポイントを伝える。シリーズ第3弾。

978-4-908637-27-8　C3037
喧嘩・荒れ とっておきの学級トラブル対処法
A5 判並製　184 ページ

2刷

「困難さに応じた指導」「指導内容・方法の工夫を計画的、組織的に行う」。この2つのポイントをおさえた困難事例への対応策、保幼小中連携など、新指導要領に応える実践を紹介。シリーズ第4弾。

978-4-908637-59-9　C3037
新指導要領に対応した特別支援教育で学校が変わる！
A5 判並製　200 ページ

「特支援教育＝特別な子」ではない！ 変わるべきは教師だ。先生方に力と勇気をあたえ、学校全体を確実に変えてゆく、特別支援教育の研修を柱とした学級・授業づくり、30の秘訣。シリーズ完結編！

978-4-908637-86-5　C3037
特別支援教育の校内研修で学校が変わる！「ユニバーサルデザインの学級・授業づくり」ポイント30
A5 判並製　136 ページ

各巻 定価：本体2000円（税別）

学芸みらい社の好評既刊　日本全国の書店や、アマゾン他のネット書店で注文・購入できます！

【新シリーズ！】特別支援教育「鉄壁の法則」　第1弾！

特別支援学級「感動の教室」づくり
――定石&改革ポイント――

著　**小野隆行**（岡山市立西小学校勤務／日本の特別支援教育を牽引する若手リーダー）

学校中が「あの子はどうしようもない」という子ども達がいる。
その不安と怒りを真正面から受けとめ、笑顔と感動あふれる教室へ。

- 子どもがどんな気持ちでやっているのか？　どんな状態なのか？
- 何が一番、その子の成長につながるのか？
- 上手くいかなかった時に、大人である教師に何ができるのか？
- 学校に必要な仕組み、保護者や外部との連携をどう作るか？

特別支援学級を変え、日本の特別支援教育に一石を投じる渾身の提言！

参観者が語るレポート「小野学級は子ども達が生き生きしていた」を収録

A5判ソフトカバー　216頁
定価：本体2000円（税別）
ISBN 978-4-908637-98-8　C3037

【目次】

学芸みらい社の好評既刊

日本全国の書店や、アマゾン他の
ネット書店で注文・購入できます!

特別支援教育
重要用語の基礎知識

小野隆行［編］

絶対必要な医学用語・教育用語
スッキリ頭に入る“厳選206語”

5大特徴

①学校に必要な医学用語・教育用語を完全網羅
②指導に生かせる最先端の研究成果を集約
③子どもたちへの効果的な指導法・支援法を紹介
④校内支援体制のモデルを紹介
⑤特別支援関連の法律・制度・研究機関情報

～特別支援教育の最先端情報を知ると～

全国どの教室でも起こりうる状況の打開策、
本人・保護者・担任も納得の解決策が見つかる!

B5判並製　232ページ　176ページ
定価：本体2700円（税別）
ISBN978-4-908637-73-5　C3037

3刷

【本書の内容】

1　どこへ向かう――これからの特別支援教育
2　これだけ知っておけば大丈夫!　特別支援教育法律・制度
3　教室の子どもたちの障害――どんなことが考えられるか
4　発達障害はどういう障害なのか
5　医療のアプローチ――どんなものがあるか
6　特別支援が必要な子どもへの配慮――授業・環境編
7　特別支援――これならできる校内研修システム
8　特別支援教育で受けられる専門職のトレーニング支援
9　特別支援教育関連研究機関情報